R.C. Sproul



# Die Heiligkeit Gottes

Verlag der Francke-Buchhandlung GmbH
Marburg an der Lahn

CIP-Titelaufnahme der Deutschen Bibliothek

**Sproul, R. C.:**
Die Heiligkeit Gottes / R. C. Sproul. [Dt. von Ruth Müller]. –
Marburg an d. Lahn: Francke, 1989
(Edition C: C; 287)
Einheitssacht.: The Holiness of God ⟨dt.⟩
ISBN 3-88224-727-4
NE: Edition C / C


Originaltitel: The Holiness of God

published by Tyndale House Publishers, Wheaton, USA

Deutsch von Ruth Müller
Umschlaggestaltung: Reproservice Jung
Gesamtherstellung: Breklumer Druckerie Manfred Siegel KG

Edition C, Nr. C 287

# Inhalt

*Gott ist gegenwärtig.*
*lasset uns anbeten*
*und in Ehrfurcht vor ihn treten.*

Gerhard Tersteegen

# Die heilige Gegenwart Gottes

Etwas in mir drängt mich, den Raum zu verlassen. Eine unüberhörbare Aufforderung störte meinen Schlaf; etwas Heiliges rief. Das einzige Geräusch war das Ticken meiner Uhr auf dem Schreibtisch. Es drang wie von weit her an mein Ohr. Ich schwebte zwischen Schlaf und Wachen, wo das Gehirn die Geräusche der Außenwelt noch wahrnimmt, am Rande des Schlummers, wo das Bewußte in die Tiefe des Unbewußten taucht, schlafend und doch nicht schlafend, wachend, aber nicht aufmerksam. Noch empfänglich für die innere Stimme, die sagt: Stehe auf! Gehe aus diesem Zimmer.

Die Aufforderung wurde stärker, drängender, war schließlich nicht mehr zu ignorieren. Meine Schlaftrunkenheit zerriß, ich war hellwach, schwang die Beine aus dem Bett und stand auf den Füßen. In einem Augenblick war aller Schlaf vergangen, und mein Körper trat energisch in Tätigkeit. Innerhalb von Sekunden war ich angezogen und befand mich auf dem Weg ins Freie. Ein kurzer Blick auf die Uhr registrierte die Zeit in meinem Gehirn. Zehn Minuten vor Mitternacht.

Der Nachtwind war kalt und verwandelte den Schnee vom Vormittag in eine harte Kruste. Ich fühlte das Krachen unter meinen Füßen, als ich auf das Zentrum des Universitätsgeländes zuging. Der Mond warf gespenstische Schatten auf die Gebäude, deren überhängende Dächer mit Eiszapfen verziert waren - Wassertropfen im Raum erstarrt, massive Eisdolche gleich eingefrorenen Fangzähnen.

Die Zahnräder der alten Turmuhr begannen zu knarren, die Zeiger umarmten sich und standen senkrecht. Ich hörte das schwerfällige Ächzen der Maschinerie einen Bruchteil einer Sekunde, ehe die Uhr zu schlagen begann. Vier Töne signalisierten die volle Stunde. Ihnen folgten zwölf ruhige volle Schläge. Ich zählte sie in Gedanken, wie ich immer tat, um einen möglichen Irrtum zu bemerken. Aber die alte Uhr ging nie falsch. Genau zwölf Schläge klangen vom Turm wie der Hammer eines ärgerlichen Richters auf Metall.

Die Kapelle lag im Schatten des alten Turmes. Die Tür war aus schwerem Eichenholz gefertigt und endete in einem hohen gotischen Bogen. Ich öffnete sie und betrat die innere Halle. Die Tür fiel hinter mir ins Schloß mit einem klirrenden Ton, der von den hohen Steinwänden widerhallte. Das Echo erschreckte mich. Es war ein fremder Kontrast zu den Geräuschen des Tages, wenn die scharrenden Füße der Studenten, die zur Andacht gingen, das laute Öffnen und Zuschlagen der Tür übertönten. Nun wurden die Geräusche der Tür durch die Stille der Nacht verstärkt. Ich verharrte einige Augenblicke am Eingang, um meine Augen an das Dunkel zu gewöhnen. Das fahle Mondlicht schien gedämpft durch die bunten Glasfenster. Ich konnte die Reihe der Bänke erkennen und den Mittelgang, der zu den Kanzelstufen führte. Es überkam mich ein majestätisches Gefühl von Raum - was noch verstärkt wurde durch die hohen Deckengewölbe. Sie schienen meine Seele in die Höhe zu ziehen, als ob eine gewaltige Hand aus der Höhe herunterreichte und mich aufhob. Ich bewegte mich absichtlich langsam auf die Kanzelstufen zu. Das Geräusch meiner Schuhe auf dem Steinfußboden weckte in mir beängstigende Bilder von Soldaten, die mit nägelbeschlagenen Stiefeln über Kopfsteinpflaster marschieren. Jeder Schritt hallte den Mittelgang entlang, als ich die mit Teppich belegte Kanzel erreichte.

Dort sank ich auf die Knie. Ich hatte mein Ziel erreicht. Ich war bereit, dem Ursprung der Aufforderung zu begegnen, die meine Ruhe gestört hatte.

Ich befand mich in Gebetshaltung, aber ich hatte nichts zu sagen. In völliger Stille kniete ich und erlaubte dem Gefühl der Gegenwart des heiligen Gottes mich zu erfüllen. Mein Herz schlug hörbar gegen meine Brust. Ein eisiger Hauch lief über meinen Rücken und ergriff meinen Nacken. Furcht überkam mich. Ich widerstand dem Impuls, aus der ahnungsvollen Gegenwart, die mich festhielt, zu fliehen. Die Angst ging vorbei. Es folgte ein Zustand, der völlig anders war. Meine Seele wurde von unaussprechlichem Frieden durchflutet. Ein Friede, der meinen geängsteten Geist sofort mit Ruhe und Gelassenheit erfüllte. Ich war getröstet. Es verlangte mich, dort zu bleiben, nichts zu sagen, nichts zu tun, einfach in der Nähe Gottes zu verharren.

Diese Augenblicke formten mein Leben um. Etwas in meinem Geist wurde ein für allemal zur Ruhe gebracht. Von diesem Augenblick an würde es kein Zurück mehr geben. Der ungemein machtvolle Eindruck würde nie auszulöschen sein. Ich war allein mit Gott. Einem heiligen Gott. Einem furchteinflößenden, ehrfurchtgebietenden Gott. Einem Gott, der mich in einem Augenblick mit Angst und im nächsten Augenblick mit Frieden erfüllen konnte. Ich wußte in dieser Stunde, daß ich mit dem Allerheiligsten in Berührung gekommen war. Ein nie gekannter Durst war in mir aufgebrochen, der in dieser Welt nie ganz gestillt werden würde. Ich beschloß, mehr zu lernen, um diesem Gott zu folgen, der mir in der dunklen Kathedrale begegnet war, der in meine Studentenbehausung eingedrungen war und mich aus dem Schlummer aufgeschreckt hatte.

Was veranlaßte einen Studenten, zu später Stunde die Gegenwart Gottes zu suchen? Etwas war am Nachmittag im Klassenzimmer geschehen, was mich in die Kapelle getrieben hatte. Ich war ein neugeborener Christ. Meine Bekehrung war plötzlich geschehen, mit einiger Dramatik, sozusagen eine Nachbildung der Geschehnisse auf der Straße nach Damaskus. Mein Leben war auf den Kopf gestellt worden, und ich war mit Begeisterung für die Liebe Christi erfüllt. Ich wurde von einer neuen Leidenschaft verzehrt: dem Studium der Schrift, der Frage nach dem rechten Beten, der Überwindung des Bösen, das meinen Charakter verdarb, dem Wachstum in der Gnade. Mein Leben sollte brauchbar sein für Christus. Meine Seele sang: Herr, ich möchte dir dienen.

Aber etwas vermißte ich in meinem jungen Christenleben. Da waren Hingabe und Begeisterung, aber alles war von einer gewissen Oberflächlichkeit gekennzeichnet. Da war eine Naivität, die mich zum eindimensionalen Menschen machte. Ich war in einer Weise ein Unitarier, ein Unitarier der zweiten Person der Dreieinigkeit. Ich wußte, wer Jesus war. Aber Gott, der Vater, war mir, eine mysteriöse Gestalt. Er war meinem Verstand ein Rätsel und meiner Seele ein Fremder. Ein dunkler Schleier verhüllte sein Angesicht.

Die Vorlesungen in Philosophie änderten das. Ich hatte den Kurs nur belegt, weil es für meinen späteren Abschluß notwendig war, brachte den Ausführungen aber nur geringes Interesse entgegen. Ich wollte meinen Abschluß in Bibelkunde machen und dachte, die Beschäftigung mit den abstrakten Spekulationen der Philosophie sei vergeudete Zeit. Der Streit um Begründungen und Zweifel schienen mir leere Worte zu sein. Das war keine Nahrung für meine Seele, nichts, was meine Einbildungskraft beflügelte, nur ein stumpfes, schwieriges intellektuelles Puzzlespiel, das mich kalt ließ, bis zu diesem Winternachmittag.

Die Vorlesungen an diesem Tag beschäftigte sich mit einem christlichen Philosophen namens Aurelius Augustinus. Im Laufe der Geschichte war er von der römisch-katholischen Kirche heilig gesprochen worden. Alle Welt redete von ihm als dem Heiligen Augustinus. Der Professor sprach über Augustins Sicht über die Welterschaffung.

Der biblische Schöpfungsbericht war mir bekannt. Ich weiß, daß das Alte Testament mit den Worten beginnt: „Am Anfang schuf Gott Himmel und Erde . . ." Aber ich hatte nie wirklich über den Ursprung der Schöpfung nachgedacht. Augustin drang in dieses Geheimnis und warf die Frage auf: Wie ist das geschehen?

„Am Anfang . . ."

Es hört sich fast wie ein Märchen an: Es war einmal . . . Das Problem ist nur, daß am Anfang keine Zeit war, so wie wir die Worte „Es war einmal" – zu irgendeiner Zeit – verstehen. Wir denken daran, daß die so erzählte Geschichte sich irgendwann einmal zugetragen hat. Schneewittchen hatte eine Mutter und eine Großmutter. Die Geschichte „Es war einmal" begann nicht wirklich am Anfang. Vor Schneewittchen gab es Könige und Königinnen, Steine und Bäume, Pferde und Hasen und Löwenzahn.

Was war vor dem Anfang von 1. Mose 1? Adam hatte weder Vater noch Großvater. Er hatte keine Geschichtsbücher, denn da war keine Geschichte. Vor der Schöpfung gab es keine Könige und Königinnen, keine Steine oder Bäume. Da war nichts, absolut nichts! Außer Gott natürlich!

An diesem Punkt der Vorlesung fing in meinem Kopf sich plötzlich alles an zu drehen. Ehe die Welt begann, war nichts. Aber was in aller Welt ist „nichts"? Wo können wir es finden? Offensichtlich nirgendwo. Warum? Weil es nichts ist. Und nichts existiert nicht. Würde es existieren, wäre es etwas und nicht nichts. Denken Sie einen Moment über es nach. Unsinn! Nichts ist kein *es*; man kann nicht über nichts nachdenken. Bekommen Sie nun auch Kopfschmerzen?

Wie können wir über nichts nachdenken? Wir können es nicht! Es ist unmöglich. Wenn wir versuchen, nachzudenken über nichts, denken wir im gleichen Augenblick schon über etwas nach. Nichts! Ist das leere Luft? Aber Luft ist doch etwas, hat Gewicht und Substanz. Ich weiß das, wegen der Wirkung, die ein Nagel in meinem Autoreifen hervorruft.

Jonathan Edwards sagte einmal, daß *nichts* das ist, was schlafende Felsen träumen. Hilft uns das? Mein Sohn gab mir eine bessere Definition von *nichts*. Wenn er von der Schule nach Hause kam und ich ihn fragte, was er heute getan habe, war seine Antwort Tag für Tag dieselbe. Sie lautete stets: „Nichts." Meine beste Erklärung für *nichts* ist das, was mein Sohn täglich in der Schule tat (zumindest in einem bestimmen Alter).

Unser Verständnis von Kreativität hat mit Modellieren und Formen zu tun, mit Farbe, Ton, Noten und Papier oder anderen Substanzen. Wir haben noch nie einen Maler erlebt, der ohne Farbe malt, oder einen Schriftsteller, der ohne Worte schreibt, oder einen Komponisten, der ohne Noten komponiert. Ein Künstler muß mit *etwas* beginnen. Er formt und verändert ein Material; er arbeitet nie mit nichts.

Augustin lehrte, daß Gott die Welt aus nichts erschaffen hat. Das ist ähnlich, wie wenn ein Zauberer ein Kaninchen aus einem leeren Hut zieht. Nur hatte Gott kein Kaninchen, und er hatte nicht einmal einen Hut.

Mein Nachbar ist ein geschickter Schreiner. Eine seiner Spezialitäten ist die Anfertigung von Truhen und Vitrinen für Zauberkünstler. Er hat mich einmal in seiner Werkstatt herumgeführt und mir gezeigt, wie solche Kästen beschaffen sind. Der Trick besteht in der geschickten Anwendung von Spiegeln. Was das Publikum bei einer Vorführung sieht, ist nur die Hälfte einer Truhe oder eines Hutes. Nehmen wir zum Beispiel den »leeren« Hut. Genau in seiner Mitte ist ein Spiegel angebracht. Der Spiegel reflektiert die leere Hälfte des Hutes und vermittelt so den visuellen Effekt eines total leeren Hutes. In Wirklichkeit sieht man aber nur die eine Hälfte. Die andere Hälfte bietet genügend Raum, um schneeweiße Tauben oder ein plumpes Kaninchen zu verbergen. Nicht viel Zauber, was?

Gott hat die Welt nicht mit Hilfe von Spiegeln erschaffen. Um das zu tun, hätte er schon eine halbe Welt *haben* müssen und dazu einen Riesenspiegel. Aber so war es nicht. Gott hat in der Schöpfung alles erst existent gemacht. Einfach alles, was es gibt, hat er hervorgebracht. Gott machte die Welt aus nichts. Vorher war nichts. Und dann, auf den Befehl Gottes hin, war da ein Universum.

Wir fragen wieder: Wie hat er das gemacht? Der einzige Hinweis, den die Bibel gibt, ist der, daß das Universum durch sein Wort zur Existenz kam. Augustin prägte dafür einen großen Ausdruck. Er nannte es: „Göttlicher Imperativ" oder: „Göttlicher Machtspruch". Wir wissen, was ein Imperativ ist. Es ist einfach ein Befehl, ein Willensakt, der etwas hervorbringt.

Ich schreibe dieses Buch mit einem IBM-Computer. Das ist eine bewundernswerte Maschinerie, mit vielen komplizierten Teilen. Die Maschine reagiert auf bestimmte Befehle. Wenn ich mich zum Beispiel vertippe, brauche ich keinen Radiergummi zu holen. Um meinen Fehler zu korrigieren, muß ich der Maschine nur mit einem bestimmten Knopfdruck einen Befehl geben, und der Fehler wird verbessert. Der Computer arbeitet auf Befehl. Aber die Kraft meiner Befehle ist begrenzt. Die einzigen Befehle, die der Computer ausführt, sind diejenigen, die bereits programmiert sind. Ich würde der Maschine gerne befehlen: „Schreibe dieses Buch bitte für mich, während ich zum Golfspielen gehe!" Aber die Maschine kann das nicht tun. Ich kann mit stärkster Stimme befehlen: „Schreibe dieses Buch!" Aber das Ding ist zu halsstarrig, um meinem Befehl nachzukommen.

Gottes Befehle sind nicht begrenzt. Er kann erschaffen durch die bloße Macht seines Befehls. Er kann etwas aus nichts hervorbringen, Leben aus Tod. Er kann Dinge tun durch den Klang seiner Worte.

Der erste Klang im Universum war die Stimme Gottes, die befahl: „Es werde!" Aber es ist unkorrekt zu sagen: der erste Klang „im" Universum. Denn ehe Gottes Imperativ erklang, gab es kein Universum. Gott sprach in eine leere Finsternis. Der Befehl kreierte seine eigenen Moleküle, um die Klangwellen der Stimme Gottes weiter und weiter in den Raum zu tragen. Aber die Tonwellen wären zu langsam gewesen. Die Geschwindigkeit des göttlichen Imperativs war größer als die Lichtgeschwindigkeit. Im selben Augenblick, in dem die Worte den Mund des Schöpfers verließen, begannen die Ereignisse. Als seine Stimme erklang, erschienen Sterne in unbeschreiblicher Helligkeit. Die Gewalt göttlicher Energie ergoß sich über das Firmament, wie ein Kaleidoskop von Farbe, geschleudert von der Palette eines machtvollen Künstlers. Kometen mit feurigen Fahnen kreuzten durch das All in überdimensionalem Feuerwerk.

Die Schöpfung war das erste Ereignis der Geschichte, es war gleichzeitig das blendendste und wunderbarste Ereignis. Der höchste Architekt sah seinen gewaltigen Bauplan an und rief den Grenzen der Erde. Er sprach – und die Wasser sammelten sich an bestimmten Orten, und die Wolken füllten sich mit Tau. Er band die Plejaden und knüpfte das Band des Orion. Er sprach – und die Erde füllte sich mit Bäumen und Blumen. Die Knospen sprangen auf, wie nach einem warmen Frühlingsregen. Kirschen und Apfelbäume wetteiferten mit der Pracht der Forsythien und Azaleen.

Gott sprach – und die Wasser füllten sich mit Leben. Schnecken krochen im Schatten des Stechrochen dahin, während der große Speerfisch durch die Wasseroberfläche brach und auf den Wellen dahinjagte. Gott sprach – und das Brüllen des Löwen brach hervor und das Blöken der Schafe. Vierfüßige Tiere und achtfüßige Spinnen und beflügelte Insekten erschienen.

Und Gott sah, daß es gut war.

Dann formte Gott mit Sorgfalt einen Klumpen Ton und hauchte ihm seinen Odem ein. Der Ton begann sich zu bewegen und zu denken. Er begann zu fühlen. Er begann anzubeten. Er lebte und war mit dem Ebenbild Gottes gezeichnet.

Bedenke die Auferweckung des Lazarus von den Toten. Wie hat Jesus das gemacht? Er ging nicht in das Grab hinein, wo der verrottende Leichnam lag. Er brauchte keine Mund-zu-Mund-Beatmung zu praktizieren. Er stand vor dem Grab in einiger Entfernung von dem Verstorbenen und rief mit lauter Stimme: „Lazarus, komm heraus!" Blut begann in den Adern des Lazarus zu zirkulieren, Gehirnströme pulsierten. Das Leben zersprengte die Ketten des Todes, und Lazarus schritt aus dem Grab. Das ist der Befehl der Schöpfung, die Macht des göttlichen Imperativs.

Es gibt moderne Theorien, die sagen, die Welt sei durch ein Nichts geschaffen worden. Wir müssen den Unterschied beachten: Wird da gesagt, die Erde sei durch ein Nichts geschaffen oder die Erde sei aus nichts erschaffen worden? Nach der modernen Sicht kommt das Kaninchen aus dem leeren Hut, und sogar der Zauberer kommt da heraus. Die moderne Ansicht ist viel unlogischer als der biblische Bericht; denn sie sagt, daß nichts etwas geschaffen hat; ja noch mehr, daß nichts alles erschaffen hat. Ein ziemliches Kunststück, in der Tat!

Nun, in unserem von der Wissenschaft bestimmten Zeitalter gibt es doch wohl keine ernsthaft denkenden Menschen, die behaupten, das Universum sei von einem Nichts erschaffen worden? Oder doch? Ja, es gibt sie, sogar massenhaft. Um ganz genau zu sein, für gewöhnlich sagen sie es nicht in der Weise, wie ich es hier formuliert habe. Vielleicht würden sie sich sogar über die Redeweise ärgern, in der ich ihre Ansicht darstelle und sie als Karikatur ihrer so klugen und differenzierten Position zurückweisen. Gut, sie sagen nicht, das Universum sei von einem Nichts erschaffen; statt dessen behaupten sie, es sei durch Zufall entstanden. Aber Zufall ist kein Gegenstand, keine Substanz und hat kein Gewicht, kein Maß, keine Kraft. Es ist nur ein Wort, das wir benutzen, um mathematische Möglichkeiten aufzuzeigen. Es kann nichts tun, weil es nichts ist. Wenn man sagt, alles ist durch Zufall entstanden, sagt man eigentlich: Es kam durch nichts.

Das ist intellektuelle Verrücktheit. Wie groß ist die Chance, daß das Universum per Zufall entstand?

Augustin wußte, daß die Welt nicht durch Zufall entstanden sein konnte. Er wußte, daß etwas oder jemand mit Macht da sein mußte – eben die Macht der Schöpfung – um die Sache zustande zu bringen. Er wußte, daß aus nichts nichts kommen konnte. Er verstand, daß irgendwo, irgendwie, etwas oder jemand da sein mußte. Wenn nicht, so könnte gegenwärtig nichts existieren.

Die Bibel sagt: „Am Anfang schuf Gott . . ." Der Gott, dem wir dienen, ist der Gott, der immer gewesen ist. Nur er kann Seiendes erschaffen, denn er allein hat die Macht des ewig Seienden. Er ist nicht nichts. Er ist kein Zufall. Er ist reines Sein, der Eine, der die Macht hat, aus sich selbst zu sein. Er allein ist ewig. Er allein hat Macht über den Tod. Er allein kann Welten ins Leben rufen durch die Macht seines Befehls. Solche Macht ist niederschmetternd, furchteinflößend. Sie verdient Respekt und demütige Bewunderung. Es war diese Aussage Augustins, daß Gott die Welt aus dem Nichts erschaffen hat, durch die bloße Macht seines Wortes, die mich um Mitternacht in die Kapelle trieb.

Ich weiß, was es bedeutet, bekehrt zu sein. Ich weiß, was es heißt, wiedergeboren zu sein. Ich verstehe auch, daß ein Mensch nur einmal wiedergeboren werden kann. Aber wenn der Heilige Geist in uns das neue Leben in Christus geschaffen hat, hört er nicht mit seinem Werk auf. Er will uns fortwährend verändern.

Meine Erfahrung während der Vorlesung, als ich über die Erschaffung der Welt nachdachte, war wie eine zweite Wiedergeburt. Es war wie eine Bekehrung, nicht nur zu Christus, dem Sohn Gottes hin, sondern zu Gott, dem Vater. Ich hatte plötzlich ein Verlangen, Gott, den Vater, zu kennen. Ich wollte ihn in seiner Majestät, in seiner Macht und ganzen Heiligkeit kennen.

Meine „Bekehrung" zu Gott, dem Vater, war nicht ohne die einer Bekehrung innewohnenden Schwierigkeiten. Obwohl mich die Vorstellung eines Gottes, der das ganze Universum aus dem Nichts erschaffen hatte, tief beeindruckte, störte mich doch die Tatsache, daß die Welt, in der wir leben, von Traurigkeit und Schmerz erfüllt ist. Es ist eine rätselhafte Welt, verdorben durch das Böse. Meine nächste Frage war: Wie konnte ein guter und heiliger Gott eine Welt erschaffen, die in einem solchen Schmutz und Verderben steckt? Bei dem Studium des Alten Testaments verwirrte mich das Handeln Gottes, der befahl, Frauen und Kinder umzubringen, der Usa umbrachte, weil er die Bundeslade angefaßt hatte, und andere Geschehnisse, die eine scheinbar brutale Seite im Charakter Gottes offenbarten. Wie würde ich je einen solchen Gott lieben können?

Das eine Konzept, der zentrale Gedanke, der mir aus der gesamten Schrift entgegentrat, war die Heiligkeit Gottes. Das Wort *heilig* war mir fremd. Ich kannte seine genaue Bedeutung nicht. Das führte mich zu fleißigem, anhaltendem Suchen. Bis heute fesselt mich die Frage nach der Heiligkeit Gottes noch immer. Ich bin davon überzeugt, daß es eines der wichtigsten Probleme hat, mit denen ein Christ zu ringen hat. Es gehört zur Grundlage unseres Verständnisses von Gott und vom Christsein.

Das Konzept der Heiligkeit ist so zentral in der biblischen Lehre, daß von Gott gesagt ist: „Heilig ist sein Name" (Ps. 111,9 und andere Stellen). Sein Name ist heilig, weil er selbst heilig ist. Nicht immer wird ihm heilige Ehrfurcht entgegengebracht. Sein Name wird in den Schmutz der Welt gezogen. Er wird als Fluch benutzt und als Plattform für Obszönitäten. Daß die Welt wenig Respekt für Gott aufbringt, ist deutlich daran zu erkennen, wie die Menschen mit seinem Namen umgehen. Da ist keine Verehrung und keine Ehrfurcht gegenüber dem heiligen Gott.

Wenn ich eine Gruppe von Christen fragen würde, was die höchste Priorität in der Gemeinde des Herrn hat, bekäme ich sicher viele Antworten. Manche würden vielleicht die Evangelisation an die oberste Stelle setzen, andere vielleicht soziale Arbeiten, wieder andere das geistliche Wachstum. Aber ich habe noch nie jemand darüber reden hören, welche Prioritäten im Leben Jesu zu sehen sind.

Welches ist die erste Bitte im Vaterunser? Jesus sagte: „Wenn ihr betet, sollt ihr so beten: ‚Unser Vater in dem Himmel . . .' (Matthäus 6). Der erste Satz ist keine Bitte, sondern eine persönliche Anrede. Dann geht das Gebet mit einer Bitte weiter: „Geheiligt werde dein Name." Dieser Satz ist nicht die Feststellung, daß der Name Gottes heilig ist, sondern die Bitte, daß der Name Gottes geheiligt werden möge. Wir sollen darum bitten, daß Gott als heilig angesehen wird.

Es gibt einen logischen Aufbau in dem Gebet. Das Reich Gottes wird nie dort kommen, wo sein Name nicht geheiligt wird. Sein Wille wird auf Erden nicht geschehen wie im Himmel, wenn sein Name entweiht und mißachtet wird. Im Himmel ist der Name Gottes heilig. Es ist ein Ort, an dem dem Allerhöchsten vollkommene Verehrung dargebracht wird. Es ist unsinnig, das Reich Gottes zu erwarten, wo Gott nicht geehrt wird.

Wie wir die Person und das Wesen Gottes verstehen, wirkt sich auf jeden Aspekt unseres Lebens aus. Es beeinflußt viel mehr als das, was wir so allgemein als den religiösen Teil unseres Lebens sehen. Wenn Gott der Schöpfer des Universums ist, muß er notwendigerweise der Herr des ganzen Universums sein. Es gibt keinen Teil der Welt, der außerhalb seiner Herrschaft steht. Das bedeutet doch, daß es auch in meinem Leben keinen Bereich geben kann, der nicht seiner Herrschaft untersteht. Sein heiliges Wesen, sein Heiligsein hat Aussagewert für Wirtschaft, Politik, Sport, Ehe, Familie, einfach für alle Gebiete unseres Lebens.

Um Gott kommen wir nicht herum. Es gibt keinen Platz im Universum, an dem wir uns vor ihm verbergen könnten. Es ist nicht genug zu wissen, daß er alle Aspekte unseres Lebens durchdringt, wir müssen auch sehen, daß er sie in seiner Heiligkeit durchdringt. Deshalb müssen wir verstehen lernen, was der Begriff Heiligkeit bedeutet. Wir können es uns nicht leisten, uns um dieses Verständnis zu drücken. Wir können Gott nicht dienen, wir werden kein geistliches Wachstum erleben, keinen wirklichen Gehorsam hervorbringen können, wenn wir nicht wissen, was Heiligkeit ist. Heiligsein definiert das Ziel des Christen. Gottes Forderung lautet: „Seid heilig, denn ich bin heilig" (1. Petrus 1,16). Um dieses Ziel zu erreichen, müssen wir verstehen, was Heiligkeit ist.

*Heilig, heilig, heilig*
*ist der Herr Zebaoth.*
*Alle Lande sind seiner Ehre voll.*

Jesaja 6,3

# Heilig, heilig, heilig

Der Prophet im Israel des Alten Bundes war ein einsamer Mann. Er war ein Individualist, ausgesondert von Gott für eine harte Aufgabe. Er diente als eine Art verfolgter Rechtsanwalt, der berufene Sprecher des allerhöchsten Gerichts Himmels und der Erden, der diejenigen anzuklagen hatte, die gegen den höchsten Gerichtshof gesündigt hatten. Der Prophet war kein Philosoph, der seine Ansichten als Diskussionsgrundlage für Gelehrte niederschrieb. Er war kein Bühnenautor, der Dramen zur öffentlichen Unterhaltung schrieb. Er war ein Botschafter, ein Herold des höchsten Königs. Seinen Kundgebungen gingen stets die Worte: „So spricht der Herr!" voraus.

Die Aufzeichnungen über das Leben der Propheten sind eine Geschichte der Märtyrer. Ihre Lebenserwartung läßt sich mit der eines Düsenjägerpiloten im Krieg vergleichen. Wenn von Jesus gesagt wird: „Er war der Allerverachtetste und Unwerteste, voller Schmerzen und Krankheit", so bedeutet das, daß er in einer langen Reihe von Männern stand, die Gott zu einem solchen Leben des Leidens berufen hatte. Des Propheten Fluch war die Abgeschiedenheit, seine Bleibe oft eine Felsenhöhle. Die Einöde war der traditionelle Platz, an dem Gott zu ihm sprach. Nacktheit war manchmal sein Gewand, ein Stock seine einzige Habe. Seine Lieder waren mit Tränen komponiert.

Ein solcher Mann war Jesaja, Sohn des Amoz.

Im Kreis der alttestamentlichen Helden nimmt Jesaja eine herausragende Stellung ein. Er war ein Prophet der Propheten, ein Führer der Führer. Er zählt zu den großen Propheten wegen des umfangreichen Buches, das seinen Namen trägt. Er war ein ungewöhnlicher Prophet. Die meisten Propheten waren Männer des Volkes: Bauern, Hirten, Handwerker. Jesaja dagegen stammte aus einer königlichen Familie. Er war ein anerkannter

Staatsmann, der Zugang zum Königshof hatte und mit Prinzen und Königen Umgang pflegte. Gott gebrauchte ihn, um verschiedenen Königen Judas seine Botschaft zu bringen; unter ihnen waren Usia, Jotham, Ahas und Hiskia.

Was einen Propheten Israels von den anderen Männern absonderte, war seine heilige Berufung. Er wurde nicht von Menschen berufen. Er konnte sich nicht um diesen Auftrag bewerben. Er mußte ausgewählt werden, ausgewählt direkt von Gott. Der Ruf ist beherrschend, man kann ihn nicht ignorieren. (Jeremia versuchte, dem Ruf nicht zu folgen, und wurde von Gott sofort daran erinnert, daß er ihn schon vor seiner Geburt ausgesondert hatte. Und als Jeremia nach einer gewissen Zeit seinen Dienst aufgeben wollte, nahm Gott seine Kündigung nicht an.) Der Dienst eines Propheten war ein Dienst auf Lebenszeit. Der Prophet konnte sich nicht ins Privatleben zurückziehen und eine Pension beziehen.

Der Bericht von der Berufung Jesajas ist vielleicht der dramatischste aller derartigen Berichte des Alten Testaments. Wir lesen, daß der Ruf an ihn erging in dem Jahr, in dem Usia starb.

König Usia starb im achten Jahrhundert vor Christus. Seine Regierungszeit war eine wichtige Periode in der jüdischen Geschichte. Usia war einer der besseren Könige, die Juda regierten. Er war kein David, aber es wird auch keine Korruption von ihm berichtet, die die Könige des Nordreichs kennzeichnete, wie zum Beispiel Ahab. Usia kam auf den Thron, als er 16 Jahre alt war. Er regierte 52 Jahre in Juda. Das ist eine lange Zeit. Bedenken wir einmal, was in den letzten 52 Jahren in Europa alles geschehen ist und wie viele Herrscher es da in den einzelnen Ländern gegeben hat. Dagegen lebten damals viele Menschen in Jerusalem während ihres ganzen Lebens unter der Herrschaft Usias.

Die Bibel berichtet uns, daß Usia seine Regierung in der Furcht Gottes begann; er tat, was dem Herrn wohlgefiel. Er suchte Gott, und Gott segnete ihn. Usia kämpfte gegen die Philister und andere Völkerschaften und besiegte sie. Er baute Türme in Jerusalem und verstärkte die Stadtmauern. Er grub Brunnen in der Wüste, förderte den Ackerbau und baute Weinberge. Die militärische Stärke Judas erreichte unter Usia fast einen Standard wie zu Davids Zeiten. Den größten Teil seiner Regierungszeit war Usia ein beliebter und großer König.

Seine Geschichte endet mit einem traurigen Kapitel. Er wurde hochmütig und erhob sich gegen Gott. In arroganter Weise beanspruchte er Rechte, die Gott den Priestern vorbehalten hatte. Als die Priester ihn an seiner frevelhaften Handlung hindern wollten, wurde er zornig über sie, und Gott strafte ihn mit Aussatz. Die Bibel berichtet von ihm:

*Er wohnte als Aussätziger in einem besonderen Haus; denn er war verstoßen vom Hause des Herrn (2. Chronik 26,21).*

Als Usia gestorben war, trauerte das Volk um ihn, trotz der Schande seiner letzten Lebensjahre. Jesaja ging in den Tempel, wohl um Trost zu empfangen, in einer Zeit nationaler und persönlicher Trauer. Er empfing mehr, als er erbat:

*In dem Jahr, als der König Usia starb, sah ich den Herrn sitzen auf einem hohen und erhabenen Thron, und sein Saum füllte den Tempel (Jesaja 6,1).*

Der König war tot. Aber als Jesaja den Tempel betrat, sah er einen anderen König, den ewigen König, den Einen, der für alle Zeiten auf dem Thron Davids sitzt. Er sah den Herrn.

Beachten wir, daß in Jesaja 6,1 das Wort „Herr" in allgemein üblicher Schreibweise erscheint. Das steht im Gegensatz zu der Schreibweise von Vers 3 und vielen anderen Stellen. Wir begegnen hier keinem Druckfehler oder einer Inkonsequenz des Übersetzers. Der Grund für diese unterschiedliche Schreibweise ist der, daß im Hebräischen zwei unterschiedliche Worte gebraucht werden, die wir im Deutschen beide nur mit dem einen Wort *Herr* wiedergeben können. Wenn das Wort in der üblichen Weise gedruckt ist, so wird damit das hebräische Wort *Adonai* wiedergegeben. Adonai bedeutet: der souveräne oder höchste Herrscher. Es ist nicht der Name Gottes, es ist ein Titel, der im Alten Testament für Gott gebraucht wird. Wenn HERR in unseren Bibeln mit Großbuchstaben gedruckt ist, dann steht im Hebräischen das Wort *Jahweh.* Jahweh ist der heilige Name Gottes, der Name, den Gott selbst seinem Knecht Mose im brennenden Busch offenbarte. Das ist der unaussprechliche Name, der heilige Name, der im Volk Israel vor profanem Gebrauch geschützt war. Im allgemeinen wird dieser Name nur mit seinen vier Konsonanten *Jhwh* dargestellt. Deshalb spricht man von dem heiligen Tetragramm, den unaussprechbaren vier Buchstaben. Wir sehen den Unterschied der beiden Worte zum Beispiel im achten Psalm. Dort lesen wir: „HERR, unser Herr, wie herrlich ist dein Name in allen Landen." Was die Juden hier sagten, war: „Jahweh, unser Adonai (Herrscher), wie herrlich ist dein Name . . ." Und in Psalm 110 lesen wir: „Der HERR sprach zu meinem Herrn: Setze dich zu meiner Rechten!" Der Psalmist sagt hier: „Gott sagte zu meinem Herrscher: ‚Setze dich zu meiner Rechten.'"

HERR ist der Name Gottes, und Herr ist sein Titel. So wie in unserem Land der Bundespräsident das höchste Amt ausübt und den entsprechenden Titel führt, so war das höchste Amt in Israel das des Souveräns, des allerhöchsten Herrschers, und der entsprechende Titel gehörte einzig und allein Gott. Es ist der Titel, der im Neuen Testament Jesus Christus gegeben ist. Wenn Christus im Neuen Testament „Herr" genannt wird, so entspricht das dem alttestamentlichen Adonai. Jesus wird als Herr aller Herren, König aller Könige bezeichnet, ein Titel, der vorher für Gott reserviert war, den höchsten Herrscher Himmels und der Erden.

Als Jesaja den Tempel aufsuchte, gab es im Lande eine Herrscherkrise. Usia war tot. Jesaja wurden die Augen geöffnet, und er sah den wirklichen König des Volkes. Er sah Gott, sitzend auf dem höchsten Thron.

Der Mensch kann das Angesicht Gottes nicht schauen. Die Schrift sagt, daß niemand Gott sehen und am Leben bleiben kann. Wir erinnern uns an die Bitte Moses, als er auf dem heiligen Berg verweilte. Mose hatte wunderbare Dinge gesehen. Er hatte die Stimme Gottes aus dem brennenden Busch gehört. Er hatte erlebt, wie sich das Wasser des Nils in Blut verwandelte. Er hatte das Manna vom Himmel gegessen und die Wolke und Feuersäule gesehen. Vor seinen Augen hatte er die Wagen Pharaos im Wasser versinken sehen. Er wollte noch mehr. Er suchte das höchste geistliche Erlebnis. Er bat den Herrn auf dem Berge: „Laß mich deine Herrlichkeit sehen!" Seine Bitte wurde abgelehnt.

> *Der Herr sprach zu Mose: Ich will vor deinem Angesicht all meine Güte vorübergehen lassen und will vor dir kundtun den Namen des Herrn: Wem ich gnädig bin, dem bin ich gnädig, und wessen ich mich erbarme, dessen erbarme ich mich. Und er sprach weiter: Mein Angesicht kannst du nicht sehen; denn kein Mensch wird leben, der mich sieht. Und der HERR sprach weiter: Siehe, es ist ein Raum bei mir, da sollst du auf dem Fels stehen. Wenn dann meine Herrlichkeit vorübergeht, will ich dich in die Felskluft stellen und meine Hand über dir halten, bis ich vorübergegangen bin. Dann will ich meine Hand von dir tun, und du darfst hinter mir her sehen; aber mein Angesicht kann man nicht sehen (2. Mose 33,19-23).*

Gott erlaubte Mose, ihn von hinten zu sehen, nicht aber sein Angesicht. Als Mose danach von dem Berg zurückkam, leuchtete sein Gesicht. Da fürchtete sich das Volk, in seine Nähe zu kommen. Deshalb deckte Mose sein Angesicht zu, wenn er mit dem Volk redete. Diese Furcht galt dem Angesicht eines Mannes, der Gott so nahe gewesen war, daß er die Herrlichkeit Gottes reflektierte. Aber er hatte der Herrlichkeit nur hinterhergesehen. Er hatte nicht das Angesicht Gottes geschaut. Wenn Menschen schon entsetzt sind von der reflektierten Herrlichkeit der „Rückansicht" Gottes, wie könnte dann jemand Gott direkt ins Angesicht sehen? Trotzdem ist das Ziel eines jeden Christen, einmal zu schauen, was Mose verweigert wurde zu sehen. Wir möchten Gott von Angesicht zu Angesicht schauen. Wir möchten umgeben sein von der strahlenden Herrlichkeit seines Wesens. Das war die Hoffnung eines jeden Juden, eine Hoffnung, die einfließt in den bekanntesten und beliebtesten Segensspruch des Volkes.

*Der HERR segne dich und behüte dich; der HERR lasse sein Angesicht leuchten über dir und sei dir gnädig; der HERR hebe sein Angesicht über dich und gebe dir Frieden (4. Mose 6,24-26).*

Diese Hoffnung, in dem Segensspruch für Israel zusammengefaßt, ist für den Christen mehr als eine Hoffnung, sie wird für ihn zur Verheißung. Johannes sagt in seinem ersten Brief, in Kapitel 3, Vers 2:

*Wir sind nun Gottes Kinder; und es ist noch nicht erschienen, was wir sein werden. Wir wissen aber, wenn es erscheinen wird, daß wir ihm gleich sein werden; denn wir werden ihn sehen, wie er ist.*

Hier ist die Verheißung Gottes: Wir werden ihn sehen, wie er ist. Theologen nennen diese Zukunftserwartung „beseligende Gottesschau". Wir werden Gott sehen, wie er ist. Das bedeutet, daß wir ihn einmal von Angesicht zu Angesicht sehen werden. Wir werden nicht die reflektierte Herrlichkeit eines brennenden Busches sehen oder einer Feuersäule. Wir werden ihn sehen, wie er ist, in seinem reinen göttlichen Wesen.

Jetzt ist es unmöglich für uns, ihn in seiner ganzen Reinheit und Herrlichkeit zu sehen. Ehe das geschehen kann, müssen wir gereinigt werden. Als Jesus die Seligpreisungen aussprach, versprach er nur einer ganz bestimmten Gruppe von Menschen das Schauen Gottes: „Selig sind, die reines Herzens sind; denn sie werden Gott schauen" (Matth. 5,8). Niemand auf dieser Welt ist reines Herzens. Es ist diese Unreinheit, die uns davon abhält, Gott zu sehen. Das Problem liegt nicht in unseren Augen, sondern in unseren Herzen. Nur wenn wir gereinigt und völlig geheiligt sind, was erst im Himmel der Fall sein wird, haben wir die Fähigkeit erlangt, ihn von Angesicht zu Angesicht zu sehen.

*Serafim standen über ihm; ein jeder hatte sechs Flügel: mit zweien deckten sie ihr Antlitz, mit zweien deckten sie ihre Füße, und mit zweien flogen sie (Jesaja 6,2).*

Die Serafim sind keine sündigen Menschen, mit unreinen Herzen belastet. Aber als Engelwesen sind sie erschaffene Kreaturen, und selbst in ihrem Status als Begleiter der himmlischen Heerscharen ist es nötig, daß sie ihr Antlitz vor dem direkten Glanz des Angesichtes Gottes schützen. Sie sind wunderbar geschaffen, von ihrem Schöpfer mit einem Paar Flügel ausgestattet, um ihr Gesicht in der heiligen Gegenwart Gottes zu bedekken.

Die Serafim besitzen ein zweites Paar Flügel, mit dem sie ihre Füße bedecken sollen. Diese Ausstattung erinnert an die Erfahrung Mose bei dem brennenden Busch:

*Und der Engel des HERRN erschien ihm in einer feurigen Flamme aus dem Dornbusch. Und er sah, daß der Busch im Feuer brannte und doch nicht verzehrt wurde. Da sprach er: Ich will hingehen und die wundersame Erscheinung besehen, warum der Busch nicht verbrennt. Als aber der HERR sah, daß er hinging, um zu sehen, rief Gott ihn aus dem Busch und sprach: Mose, Mose! Er antwortete: Hier bin ich. Gott sprach: Tritt nicht herzu, zieh deine Schuhe von deinen Füßen; denn der Ort, darauf du stehst, ist heiliges Land! (2. Mose 3,2-5*

Gott befahl Mose, seine Schuhe auszuziehen, weil er sich auf heiligem Boden befand. Die Gegenwart Gottes hatte den Boden geheiligt. Daß Mose die Schuhe auszog, war das Symbol seiner Erkenntnis, daß er von Erde genommen war. Die Füße des Menschen, manchmal als Füße aus Ton bezeichnet, symbolisieren seine Kreatürlichkeit. Mit unseren Füßen stehen wir auf der Erde.

Die Seraphim sind nicht von der Erde. Ihre Füße sind nicht aus Ton. Als Engel sind sie Geistwesen. Trotzdem bleiben sie Geschöpfe, und die Darstellung in Jesajas Vision legt den Gedanken nahe, daß sie in der Gegenwart Gottes ihre Füße bedecken müssen, als Zeichen ihrer Kreatürlichkeit.

*Und einer rief zum anderen und sprach: Heilig, heilig, heilig ist der HERR Zebaoth, alle Lande sind seiner Ehre voll! (Jesaja 6,3)*

Hier erkennen wir das Wesentliche an Jesajas Vision. Es ist das Lied der Seraphim, das die ehrfurchtgebietende Botschaft dieses Textes offenbart. Das Lied besteht aus der Wiederholung eines einzigen Wortes – heilig. Dreimal wird das Wort gesungen. Der Gemeinde ist damit die erhabendste Hymne gegeben, das Dreimalheilig, das in manchen Chorälen verschiedener Kirchen bis heute zu finden ist.

Die Bedeutung der Wiederholung des Wortes heilig kann leicht übersehen werden. Es ist eine Eigenart der hebräischen Literatur, vor allem in der Dichtkunst, das zu wiederholen, was man besonders betonen oder hervorheben will. Auch Jesus benutzte diese Methode. „Wahrlich, wahrlich, ich sage euch . . ." Das zweifache Wahrlich zeigt an, daß die nachfolgende Aussage von wesentlicher Bedeutung ist. Das Wort, das hier mit *wahrlich* übersetzt wird, heißt im Urtext *Amen* und bedeutet: Es ist wahr. Wir setzen dieses Wort heute an das Ende einer Predigt oder eines Gebets. Jesus setzte es dagegen oft an den Anfang einer Aussage.

An einigen Stellen in der Bibel wird etwas sogar dreimal hintereinander ausgesprochen. Etwas, was derart betont wird, ist dann von allerhöchster Bedeutung. Es gibt nichts, was wichtiger und bedeutungsvoller wäre. Zum Beispiel wird das schreckliche Gericht Gottes in der Offenbarung mit einem dreifachen *Weh* angekündigt: „Weh, weh, weh, denen, die auf Erden wohnen . . ." (8,13). Oder wir hören Jeremia in verhöhnendem Sarkasmus die Heuchelei des Volkes tadeln, das dem Ruf der Lügenprediger folgt, die da rufen: „Hier ist des HERRN Tempel, hier ist des HERRN Tempel, hier ist des HERRN Tempel!" (Jer. 7,4)

Nur einmal ist in der Heiligen Schrift eine Wesensart Gottes in dieser dreifach betonten Weise angezeigt. Die Bibel sagt, daß Gott heilig, heilig, heilig ist. Er ist nicht einfach heilig. Er ist heilig, heilig, heilig. Wir lesen nirgendwo in der Schrift, daß Gott Liebe, Liebe, Liebe ist oder barmherzig, barmherzig, barmherzig oder gerecht, gerecht, gerecht. Sie sagt nur, daß Gott heilig, heilig, heilig ist und daß die ganze Erde von seiner Herrlichkeit erfüllt ist.

*Und die Schwellen bebten von der Stimme ihres Rufens, und das Haus ward voll Rauch (Jes. 6,4).*

Wenn man mit Menschen redet, die die Versammlungen der Gemeinde des Herrn verlassen haben, kann man oft die Entschuldigung hören, die Gottesdienste seien so langweilig. Für manche Menschen ist es schwierig, sich selbst einzubringen und den Gottesdienst als ein packendes und bewegendes Erlebnis zu erfahren. In dem vorliegenden Text lesen wir, daß die Türpfosten erbebten, wenn Gott in seinem Tempel erschien. Die träge Masse der Türpfosten, die toten Dinge, die weder hören noch reden können, wurden bewegt durch die Gegenwart Gottes, sie wurden erschüttert, sie begannen zu beben.

*Da sprach ich: Weh mir, ich vergehe! Denn ich bin unreiner Lippen und wohne unter einem Volk von unreinen Lippen; denn ich habe den König, den HERRN Zebaoth, gesehen mit meinen Augen (Jes. 6,5).*

Die Türen des Tempels waren nicht das einzige, was erschüttert wurde. Was am meisten zu beben begann, war der Körper Jesajas. Als er sich in die Gegenwart Gottes gestellt sah, in die Gegenwart des regierenden Monarchen des gesamten Universums, als er die Heiligkeit Gottes erkannte, blieb ihm nur der Ausruf: Weh mir!

Für den heutigen Menschen klingt dieser Ausruf Jesajas befremdend. Selten wird heute noch das Wort *wehe* benutzt. Da es ein altmodisches, archaisches Wort ist, haben manche modernen Bibelübersetzer einen anderen Ausdruck dafür gewählt. Das ist ein ernsthafter Fehler. Das Wort *wehe* ist ein wesentlicher biblischer Ausdruck mit einer ganz speziellen Bedeutung, die wir nicht ignorieren dürfen.

Die ganze Gewalt von Jesajas Ausruf erkennen wir erst auf dem Hintergrund der speziellen biblischen Redeweise. Wenn Propheten die göttliche Botschaft verkündeten, wurde meistens die Form des Orakels benutzt. Ein Orakel war eine Bekanntmachung Gottes, die eine gute oder auch eine schlimme Nachricht enthalten konnte. Den positiven Orakeln wurde der Ausdruck *gesegnet* oder *glückselig* vorangestellt. Jesus benutzte in der Bergpredigt die Form des Orakels, indem er sagte: Glückselig die Armen im Geist, glückselig die Trauernden etc. Seine Zuhörer verstanden, daß er die Formulierung der Propheten benutzte, das Orakel, das gute Nachricht brachte.

Jesus gebrauchte auch die negative Form des Orakels. Als er das Verhalten der Pharisäer brandmarkte, verkündete er das Gericht Gottes, indem er ausrief: „Weh euch, Schriftgelehrten und Pharisäer, ihr Heuchler!" Er sagte das so oft, daß es schon wie eine Litanei klang. Von den Lippen eines Propheten ist das Wort *wehe* die Bekanntgabe eines Verhängnisses, eines Verdammungsurteils. In der Bibel werden Städte verdammt, Völker oder auch einzelne Menschen - alle durch den Urteilsspruch *wehe.*

Jesajas *Wehe* war ein besonderes. Als er den Herrn sah, verkündete er das Gericht Gottes über sich selbst. „Wehe mir!" rief er aus und sprach sich damit selbst den Fluch Gottes zu. Meistens verkündet ein Prophet anderen Menschen das Urteil, das Gott über sie kommen lassen wird. Hier haben wir eine ganz andere Situation. Jesaja spricht sich selbst das Urteil und ruft aus: „Ich vergehe!" Neuere Übersetzungen sagen hier: „Ich bin verloren!" Aber der Ruf: „Ich vergehe!" kommt dem näher, was Jesaja wohl empfunden und zum Ausdruck gebracht hat. Der hebräische Ausdruck hat mit *vergehen* zu tun, mit *sich auflösen.* Was Jesaja erfuhr, ist etwas, was moderne Psychologen mit persönlicher Desintegration, Auflösung, Zersetzung, mit Auseinanderfallen bezeichnen würden. Integrieren bedeutet, mehrere Teile zu einem einheitlichen Ganzen zusammenfügen. Eine integrierte Persönlichkeit ist jemand, der innerlich gefestigt ist, nicht zerrissen und unbeständig, also eine ganze, eine einheitliche Persönlichkeit.

Wenn es je einen Menschen von Integrität gab, dann war es Jesaja Ben Amoz. Er war ein ganzer Mann, eine ganzheitliche Persönlichkeit. Von seinen Zeitgenossen wurde er als der gerechteste Mann des ganzen Volkes angesehen, als ein Musterbild guter Tugenden. Dann sah er plötzlich in einem winzigen Augenblick etwas von der Heiligkeit Gottes. In diesem einzigen Augenblick zersprang seine Selbstachtung. In einer kurzen Sekunde wurde er ausgezogen, stand total nackt unter dem Blick der absoluten Heiligkeit. Solange Jesaja sich mit anderen Sterblichen vergleichen konnte, behielt er eine gute Meinung von sich selbst. In dem Augenblick, als er sich dem höchsten Standard gegenüber sah, war er zerstört, seine Ganzheit war in sich zusammengefallen. Die plötzliche Erkenntnis seines Ruins stand in Zusammenhang mit Jesajas Mund. Er rief: „Ich bin ein Mann von unreinen Lippen!" Ungewöhnlich! Wir hätten vielleicht erwartet, daß er gesagt hätte, er sei ein Mann mit unreinen Gewohnheiten oder unreinen Gedanken. Statt dessen lenkt er die Aufmerksamkeit sofort auf seinen Mund. „Ich habe einen dreckigen Mund", ist seine sofortige Reaktion.

Vielleicht finden wir einen Anhaltspunkt zu Jesajas Äußerung in den

Worten Jesu, als er seinen Zuhörern zeigt, daß nichts, was in den Menschen hineingeht, ihn unrein macht, sondern das, was aus seinem Munde herauskommt. Oder wir können den Diskurs ansehen, den uns Jakobus über die Zunge liefert:

*Auch die Zunge ist ein Feuer, eine Welt voll Ungerechtigkeit. So ist die Zunge unter unseren Gliedern: sie befleckt den ganzen Leib und zündet die ganze Welt an und ist selbst von der Hölle entzündet. Denn jede Art von Tieren und Vögeln und Schlangen und Seetieren wird gezähmt und ist gezähmt vom Menschen, aber die Zunge kann kein Mensch zähmen, das unruhige Übel, voll tödlichen Giftes. Mit ihr loben wir den Herrn und Vater, und mit ihr fluchen wir den Menschen, die nach dem Bilde Gottes gemacht sind. Aus* einem *Munde kommt Loben und Fluchen. Das soll nicht so sein, liebe Brüder. Läßt auch die Quelle aus* einem *Loch süßes und bitteres Wasser fließen? Kann auch, liebe Brüder, ein Feigenbaum Oliven oder ein Weinstock Feigen tragen? So kann auch eine salzige Quelle nicht süßes Wasser geben (Jakobus 3,6-12).*

Die Zunge ist ein ruheloses Übel, voll tödlichen Giftes. Das erkannte Jesaja. Er verstand, daß er nicht allein in diesem Dilemma steckte. Das ganze Volk litt an der Infektion eines dreckigen Mundes. „Ich lebe unter einem Volk von unreinen Lippen." In einem Augenblick gewann Jesaja ein neues, radikales Verständnis von Sünde. Er sah, daß die Sünde ihn völlig durchdrungen hatte und alle seine Volksgenossen mit ihm.

In einer Weise sind wir besser daran als Jesaja: Gott erscheint uns nicht in der Art, wie er Jesaja erschien. Wer könnte dann bestehen? Im allgemeinen zeigt Gott uns unsere Sündhaftigkeit sozusagen in Portionen. Wir erkennen nach und nach, wie korrupt wir sind. Dem Propheten Jesaja zeigte Gott seine ganze verdorbene Natur auf einmal. Kein Wunder, daß er sich als zerstört betrachtete.

Jesaja erklärte seine Sicht folgendermaßen: „Meine Augen haben den König, den HERRN der Heerscharen gesehen." Er sah die Heiligkeit Gottes. Zum erstenmal in seinem Leben verstand er, wer Gott ist. Im selben Augenblick verstand Jesaja zum erstenmal, wer er war.

*Da flog einer der Serafim zu mir und hatte eine glühende Kohle in der Hand, die er mit der Zange vom Altar nahm, und rührte meinen Mund an und sprach: Siehe, hiermit sind deine Lippen berührt, daß deine Schuld von dir genommen werde und deine Sünde gesühnt sei (Jes. 6,6-7).*

Jesaja lag auf dem Boden. Jeder Nerv in seinem Körper zitterte. Er suchte einen Platz, an dem er sich verstecken konnte, hoffend, die Erde würde ihn verschlingen oder der Tempel über ihm zusammenfallen, um ihn vor den Augen des heiligen Gottes zu verbergen. Aber es gab keinen Ort, an dem er sich verbergen konnte. Er stand nackt und allein vor Gott. Es war keine Eva da, die er hätte beschuldigen können, und kein Blatt, um seine Blöße zu bedecken. Es blieb ihm nur die tiefste Qual der Schuld, die einen Menschen in Stücke zu reißen scheint. Schuld, Schuld, Schuld! Unnachsichtige, schonungslose Schuld schrie ihn an.

Der heilige Gott ist auch ein Gott der Gnade und Barmherzigkeit. Er ließ seinen Knecht nicht im Staube liegen, und er ließ ihn nicht ohne Trost. Er unternahm sofort etwas, um ihn zu reinigen und ihn wiederherzustellen. Er befahl einem Seraph, schnell etwas zu tun. Der Engel flog zum Altar und holte mit einer Zange eine glühende Kohle, zu heiß, selbst für einen Engel, und flog damit zu Jesaja.

Der Seraph berührte Jesajas Mund mit der glühenden Kohle. Das war eine erste Gnade, ein schmerzvoller Akt der Reinigung. Jesajas Wunde wurde ausgebrannt, der Dreck in seinem Mund wurde weggebrannt. Er wurde mit heiligem Feuer gereinigt.

In diesem göttlichen Akt der Reinigung erfuhr Jesaja eine Vergebung, die weit tiefer reichte als die Reinigung seiner Lippen. Er wurde ganz und gar gereinigt, bis auf den Kern, jedoch nicht ohne den furchtbaren Schmerz der Buße. Das ging tiefer als eine billige Gnade und das leichte Bekenntnis: „Es tut mit leid." Jesaja trauerte wegen seiner Sünde. Gram und Schmerz überkamen ihn, und Gott sandte einen Engel, um ihn zu heilen. Seine Sünde wurde hinweggenommen. Seine Würde wurde gewahrt. Seine Schuld wurde getilgt, aber sein Menschsein wurde nicht beleidigt. Die Überzeugung von seiner Sündhaftigkeit war aufbauend. Er erlebte keine grausame, ungewöhnliche Bestrafung. Der Augenblick einer glühenden Kohle auf seinen Lippen brachte seine dauernde Heilung. In einem Augenblick war der desintegrierte Prophet wieder eine ganze Persönlichkeit. Sein Mund war gesäubert. Er war rein.

> *Und ich hörte die Stimme des Herrn, wie er sprach: Wen soll ich senden? Wer will unser Bote sein? Ich aber sprach: Hier bin ich, sende mich! (Jes. 6,8)*

Jesajas Vision gewinnt eine neue Dimension. Bis jetzt hatte er die Herrlichkeit Gottes gesehen; er hatte das Lied der Serafim vernommen; er hatte die glühende Kohle auf seinen Lippen gespürt. Jetzt hörte er zum erstenmal die Stimme Gottes. Die Engel waren verstummt. Die Stimme, die jetzt durch den Tempel hallte, die Stimme, die in anderen Schriftstellen mit dem Dröhnen vieler Wasser verglichen wird, diese Stimme erklang in einer durchdringenden Frage: „Wen soll ich senden? Wer will unser Bote sein?"

Wir erkennen hier ein Muster, das sich immer wieder in der Geschichte wiederholt hat. Gott erscheint, der Mensch zittert in Angst und Schrecken.

Gott vergibt und heilt, und Gott sendet. Vom Zerbruch zum Auftrag, das ist das Schema für den Menschen. Als Gott fragte: Wen soll ich senden?, verstand Jesaja die Macht der Worte. Gesandt zu werden bedeutet, als ein Abgesandter Gottes zu handeln, bedeutet, das Sprachrohr Gottes zu sein. Im Neuen Testament bedeutet das Wort Apostel: *einer, der gesandt ist.* Das Gegenstück im Alten Testament ist der Prophet. Gott suchte einen Freiwilligen für das einsame, harte Los eines Propheten. „Wen soll ich senden?"

Beachten wir die Antwort Jesajas. Er entgegnet: „Hier bin ich, sende mich!" Mit diesen Worten trat Jesaja als Freiwilliger vor. Er antwortete einfach: Ich bin bereit zu gehen. Du brauchst nicht weiter nach jemandem zu suchen. Schicke mich. Zwei wichtige Aspekte müssen wir in der Antwort Jesajas beachten. Jesaja war zerschmettert, in viele Stücke wie ein zersprungenes Glas. Gott konnte den zerschlagenen Mann gebrauchen und in seinen Dienst stellen. Er nahm einen sündigen Menschen und machte ihn zum Propheten. Gott nahm einen Menschen mit unreinen Lippen und machte ihn zu seinem Sprachrohr.

Die zweite wichtige Erkenntnis, die wir gewinnen können, ist die Tatsache, daß Gottes Gnadenwerk die Identität Jesajas nicht vernichtete. Jesaja sagte: „Hier bin ich!" Jesaja konnte noch „Ich" sagen, er hatte noch eine Persönlichkeit. Weit entfernt davon, unser Selbst zerstören zu wollen, wie manche verdrehte Erscheinungsformen von Christsein es bekunden, will Gott vielmehr unser Selbst erlösen und zur Erfüllung bringen. Er heilt unser Selbst, damit wir brauchbar werden, unsere Berufung zu erfüllen. Jesajas Persönlichkeit wurde überholt, erneuert, aber nicht vernichtet. Er war immer noch Jesaja Ben Amoz, als er den Tempel verließ. Er war noch dieselbe Person, aber seine Lippen waren gereinigt.

Kein Prediger ist seiner Berufung wert. Jeder Prediger ist anfällig für Heuchelei. In der Tat, je reiner ein Prediger das Wort Gottes predigt, um so mehr ist er dem Urteil der Heuchelei ausgesetzt. Denn je reiner er das Wort verkündigt, um so mehr wird es sichtbar, daß er in seinem eigenen Leben diesem hohen Anspruch nicht genügt.

Ich krümme mich innerlich zusammen, wenn ich hier und da in Gemeinden über die Heiligkeit Gottes spreche. Ich kann die Reaktion der Menschen auf diese Predigt voraussehen. Sie verlassen den Raum mit der Überzeugung, gerade in der Gegenwart eines heiligen Mannes gewesen zu sein. Weil sie mich über Heiligkeit haben reden hören, nehmen sie an, ich sei so heilig wie die Botschaft, die ich ihnen gesagt habe. Dann möchte ich ausrufen: „Weh mir!"

Es ist sehr gefährlich, anzunehmen, ein Mensch sei heilig, nur weil er Heiligkeit zum Gegenstand seines Studiums macht. Hier liegt eine wahre

Ironie. Ich bin überzeugt, daß mein großes Verlangen, mehr über die Heiligkeit Gottes zu erfahren, darin begründet liegt, daß ich nicht heilig bin. Ich bin ein unheiliger, weltlicher Mensch, der mehr Zeit außerhalb als innerhalb des „Tempels" verbringt. Aber ich habe genug von der Herrlichkeit Gottes geschmeckt, um mehr davon haben zu wollen. Ich weiß, was es heißt, Vergebung erfahren und einen Auftrag empfangen zu haben. Meine Seele sehnt sich nach mehr. Meine Seele braucht mehr.

*Was durchleuchtet mich und trifft mein Herz,*
*ohne es zu verwunden?*
*Ich bin beides: Erschrocken und beglückt.*
*Erschrocken, weil es anders ist als ich,*
*beglückt, weil es mir ähnlich ist.*

Augustinus

# Das furchterregende Geheimnis

Jetzt sind wir schon im dritten Kapitel dieses Buches, und ich habe immer noch nicht erklärt, was es bedeutet, heilig zu sein.

Ich wünschte mir, ich könnte diese Erklärung noch etwas hinausschieben. Die Schwierigkeiten einer Definition von Heiligkeit sind vielfältig. Heiligkeit hat mit so vielen Bereichen zu tun und ist uns von Natur aus so fremd, daß eine gute Erklärung der Sache fast unmöglich erscheint. In einem sehr realen Sinn ist uns das Wort *heilig* ein Fremdwort. Begegnet uns ein Fremdwort, das wir nicht verstehen, so haben wir immer die Hoffnung, in einem entsprechenden Wörterbuch eine klare Übersetzung des Wortes zu finden. Das Problem im vorliegenden Fall ist jedoch, daß das Wort *heilig* in allen Sprachen ein Fremdwort darstellt. Es gibt kein Wörterbuch, das uns einen angemessenen Aufschluß geben kann.

Das Problem, das Wort richtig zu erklären, wird noch dadurch erschwert, daß es in der Bibel in mehrfacher Weise benutzt wird. In einem Anwendungsbereich steht *heilig* in enger Verbindung zu Gottes Güte. Nach allgemeiner Gewohnheit wird *heilig* mit *Reinheit, frei von Beschmutzung, ganz und gar perfekt, makellos in jeder Hinsicht* erklärt.

Reinheit ist der erste Begriff, der den meisten von uns einfällt, wenn wir das Wort *heilig* hören. Und wir sind sicher, daß die Bibel das Wort in dieser Weise benutzt. Aber der Gedanke der Reinheit oder moralischer Vollkommenheit ist bestenfalls eine zweitrangige Bedeutung des Wortes. Die Seraphim brachten in ihrem Hymnus weit mehr zum Ausdruck, als daß Gott Reinheit, Reinheit, Reinheit sei.

Die grundsätzliche Bedeutung von *heilig* ist *abgesondert.* Ursprünglich bedeutete es *schneiden* oder *trennen*; aber nicht einfach abschneiden und liegenlassen, sondern abtrennen zu einem besonderen Zweck. Auf diese

Weise wird das Abgetrennte zu etwas Besonderem, das aus dem Rest herausragt, unter Umständen höher steht. Wenn ich das Gesagte nun auf die Heiligkeit Gottes übertragen will, muß ich einen abstrakten Begriff zu Hilfe nehmen: *Transzendenz.*

Wörtlich bedeutet das Wort: *klettern über.* In Wörterbüchern wird es erklärt als das Überschreiten der gewöhnlichen Grenzen der Erfahrung. Transzendieren ist: über einen Bereich hinausgehen, über eine bestimmte Grenze gehen. Wenn wir von der Transzendenz Gottes sprechen, reden wir davon, daß Gott über uns hinausragt. Wir versuchen damit, seine höchste und absolute Größe zu definieren. Wir beschreiben damit Gott im Verhältnis zu unserer Welt. Gott ist höher als das Universum. Er hat die absolute Macht über das Universum. Die Welt, das Universum, hat keine Macht über ihn. Transzendenz beschreibt Gott in seiner verzehrenden Majestät. Es zeigt die unendliche Distanz auf, die ihn von jeder Kreatur trennt. Er steht unendlich höher als alles.

Wenn die Bibel Gott als heilig bezeichnet, so bedeutet das vor allem, daß er über unserem Erfahrungsbereich steht, also völlig getrennt von uns. Er ist so viel höher als wir, daß er uns völlig fremd ist. Heilig zu sein bedeutet: anders zu sein, anders auf ganz spezielle Weise. Diese grundsätzliche Bedeutung wird auch angewandt, wenn die Bibel von heiligen Gegenständen redet. Sehen wir uns die nachfolgende Liste einmal genau an: Heiliger Boden, heiliger Sabbat, heilige Stätte, heiliges Halljahr, heiliges Wasser, heilige Stadt, heiliger Berg, heiliges Volk, heilige Kleider, heiliges Salböl, heiliges Brot, heilige Lade, heiliger Tempel, das Allerheiligste.

Die Liste ist keineswegs vollständig. Sie soll uns nur zeigen, daß das Wort *heilig* nicht nur für Gott gebraucht, sondern vielen verschiedenen Dingen beigeordnet wird.

In keinem dieser Beispiele drückt das Wort eine moralisch-ethische Qualität aus. Die Gegenstände, die als heilig bezeichnet werden, sind solche, die beiseite gesetzt, von dem Rest getrennt sind. Sie sind geweiht, das heißt, sie sind getrennt worden von den übrigen Dingen und bereitgestellt zum Dienst des Herrn.

Keiner der genannten Gegenstände ist in sich heilig. Um heilig zu sein, müssen sie von Gott geweiht oder geheiligt werden. Einzig und allein Gott ist heilig in sich selbst. Und nur Gott kann etwas heiligen. Nur Gott kann etwas anrühren und aus dem Allgemeinen herausnehmen, beiseite setzen für etwas Besonderes.

Beachten wir, welche besondere Behandlung im Alten Testament die Dinge erfahren, die geheiligt worden sind. Was geheiligt war, trug einen besonderen Charakter. Es war vom allgemeinen Gebrauch ausgenommen. Es durfte nicht angerührt, nicht gegessen werden. Es war etwas Spezielles.

Wie kommt nun die Reinheit dazu? Wir sind so daran gewöhnt, Heiligkeit mit Reinheit oder ethischer Vollkommenheit gleichzusetzen, daß wir sofort danach suchen, sobald der Begriff *heilig* auftaucht. Wenn Dinge geheiligt wurden, wenn sie geweiht waren, dann waren sie abgesondert zur Reinheit. Sie waren in reiner Weise zu gebrauchen. Sie sollten Reinheit reflektieren, ebenso wie das Abgesondertsein. Reinheit besteht nicht neben der Heiligkeit, sie ist darin enthalten. Aber wir dürfen nicht vergessen, daß Heiligkeit nicht erschöpft ist mit dem Gedanken der Reinheit. Heiligkeit enthält Reinheit, aber ist viel mehr als das. Es ist Reinheit in Transzendenz, transzendierte Reinheit.

Wenn wir das Wort *heilig* benutzen, um Gott zu beschreiben, sehen wir uns einem weiteren Problem gegenüber. Wir beschreiben Gott oft, indem wir ihm eine Reihe von Charakteristiken zuordnen. Wir sagen, daß Gott Geist ist und Liebe, daß er allwissend ist, gerecht, barmherzig, gnädig etc. Und wir tendieren dazu, dieser Liste auch das Kennzeichen *heilig* beizufügen, als ein Attribut unter vielen. Wenn aber die Bibel sagt, daß Gott heilig ist, so bezeichnet sie damit nicht eine göttliche Eigenschaft, sondern sie sagt, daß Heiligkeit das Synonym für Göttlichkeit ist. Gott und Heiligkeit ist ein und dasselbe. Gottes Liebe ist heilige Liebe, seine Gerechtigkeit ist heilige Gerechtigkeit, seine Barmherzigkeit heilige Barmherzigkeit, seine Weisheit heilige Weisheit, sein Geist ist heiliger Geist.

Wir haben gesehen, daß der Begriff *heilig* unsere Aufmerksamkeit auf die Transzendenz Gottes lenkt, auf die Weise, wie er höher ist als unsere Welt. Wir haben auch gesehen, daß Gott »herunterreichen« kann, um spezielle Dinge oder Menschen in dieser Welt zu weihen und zu heiligen. Seine Berührung des Allgemeinen macht das Allgemeine zu etwas Besonderem. Nichts in der Welt ist heilig in sich selbst. Nur Gott kann etwas heilig machen. Nur Gott kann heiligen.

Wenn wir etwas heilig nennen, was nicht heilig ist, versündigen wir uns, denn das ist Abgötterei. Das ist der bittere, schreckliche Irrtum des Götzendienstes, daß den allgemeinen, den nicht durch Gott abgesonderten Dingen Respekt, Verehrung und Anbetung dargebracht werden, die nur Gott gebühren. Die Schöpfung, das Geschöpf anbeten statt den Schöpfer, das ist das Wesen des Götzendienstes.

In der Antike machten die Hersteller von Götzenbildern einträgliche Geschäfte. Manche Götzen waren aus Holz geformt, anderen aus Stein und manche aus kostbarem Metall. Der Götzenbildner kaufte das beste Material ein, was er bekommen konnte. Dann arbeitete er zu Hause viele Stunden an dem Bildnis. Wenn er es zu seiner Zufriedenheit fertiggestellt hatte, räumte er seine Werkstatt auf, kniete vor der Figur nieder, die er eben geformt hatte, und fing an, auf sie einzureden. Stellen wir uns das einmal vor, ein Stück Holz oder Stein anzureden. Das Ding konnte nicht hören, nicht antworten. Es konnte keine Hilfe geben. Es war taub, stumm, sprachlos und unfähig zu irgend etwas. Trotzdem schrieben die Menschen diesen Objekten Macht zu und beteten sie an.

Manche Götzendiener waren etwas klüger. Sie beteten keine Figuren aus Stein oder Holz und keine Totempfähle an. Sie fingen an, Sonne und Mond oder sogar eine abstrakte Idee anzubeten. Aber die Sonne ist auch erschaffen; der Mond ist nicht transzendent. Sie sind Teile der Natur, Teile der Schöpfung. Sie mögen sehr beeindruckend sein, aber sie gehen nicht über das Kreatürliche hinaus. Sie sind nicht heilig.

Einen Götzen anbeten heißt, etwas heilig nennen, was nicht heilig ist. Erinnern wir uns: Nur Gott kann heiligen. (Wenn ein Pastor den Bund der Ehe segnet, so kann er nur etwas bekräftigen, was Gott schon getan hat.) Wenn ein Mensch versucht, etwas zu weihen oder zu heiligen, was Gott nicht geheiligt hat, so ist das keine wahre Heiligung oder Weihe, sondern eine Entheiligung, eine Entweihung. Es ist Götzendienst. Der deutsche Theologe Rudolf Otto verfaßte anfangs dieses Jahrhunderts eine aufschlußreiche Studie über den Begriff heilig. Er untersuchte, wie Menschen aus unterschiedlichen Kulturen und Völkern sich benehmen, wenn ihnen etwas begegnet, was sie als heilig ansehen. Er erforschte die Gefühle, die Menschen haben, wenn sie dem »Heiligen« begegnen.

Die erste wichtige Entdeckung, die Otto machte, war die, daß die Menschen Schwierigkeiten haben, den Begriff *heilig* zu beschreiben. Obwohl manches über das Heilige gesagt werden kann, so beobachtete Otto doch, daß immer ein Element übrig blieb, das sich jeder Beschreibung entzog. Nicht, daß dieses Element vernunftlos gewesen wäre. Nein, es war vielmehr superrational, über die Grenzen unseres Denkens hinausragend. Otto fand etwas in der Erfahrung der Menschen mit dem Heiligen, das nicht in Worte zu fassen war. Er nannte dieses Unfassbare *Plus.* Plus ist der Teil der Erfahrung des Heiligen, bei dem die Menschen nach Worten suchen und doch nicht zum Ausdruck bringen können, was sie möchten. Es ist das geistliche Element, das sich jeder passenden Beschreibung entzieht.

Otto prägte einen bestimmten Ausdruck für das Heilige. Er nannte es *mysterium tremendum* – das furchterregende Geheimnis. Dieser Ausdruck schien dem Theologen angebracht wegen der Furcht, die das Heilige in uns hervorruft. Es erfüllt uns mit Schrecken; es läßt uns erschauern, wir fühlen uns bedroht. Aber nicht nur Furcht erfüllt uns; wir tendieren zu gemischten Gefühlen in bezug auf das Heilige. Wir fühlen uns angezogen davon und schrecken gleichzeitig davor zurück. Unser Verhalten ähnelt dem unserer

Kinder gegenüber Gruselgeschichten. Sie wollen unbedingt welche hören, aber dann bergen sie ihren Kopf in Mutters Schoß. Ebenso stehen wir dem Heiligen gegenüber. Etwas lockt uns, und gleichzeitig möchten wir fliehen. Die Entscheidung fällt uns schwer. Ein Teil von uns sehnt sich nach dem Heiligen, während der andere es ablehnt. Wir können nicht mit ihm leben, aber auch nicht ohne es.

Etwas von dem Geheimnis des heiligen Gottes ist in dem lateinischen Wort *augustus* ausgedrückt. Es bedeutet: ehrfurchtgebietend – furchterregend. Für die ersten Christen war es unmöglich, dem Kaiser in Rom diesen Titel beizumessen. Der Christ kann keinem Menschen diese Eigenschaften zugestehen. Nur Gott kann in Wahrheit als ehrfurchtgebietend und furchterregend bezeichnet und empfunden werden.

In seiner Untersuchung der menschlichen Erfahrungen mit dem Heiligen erkannte Otto, daß die klarste Wahrnehmung des Menschen in seiner Konfrontation mit dem Heiligen ein übermächtiges, überwältigendes Gefühl seiner Kreatürlichkeit ist. Das heißt, wenn wir uns der Gegenwart Gottes bewußt sind, erkennen wir erst recht deutlich, daß wir selbst Geschöpfe sind. Wenn wir dem Absoluten gegenüberstehen, erkennen wir sofort, daß wir nicht absolut sind. Wenn wir dem Unendlichen begegnen, wissen wir um unsere Vergänglichkeit. Gegenüber dem Ewigen erkennen wir unsere Zeitlichkeit. In der Begegnung mit Gott sehen wir den gewaltigen Kontrast. Das überwältigt uns. So erging es dem Propheten Jeremia. Wir lesen von ihm, im Kapitel 20 seines Buches, Vers 7:

> *Herr, du hast mich überredet, und ich habe mich überreden lassen. Du bist mir zu stark gewesen und hast gewonnen.*

Eigentlich sind das überflüssige Worte, die Jeremia hier ausruft. Wenn Gott ihm zu stark war, was blieb ihm anderes übrig als sich überwältigen zu lassen?

Wahrscheinlich benutzt aber Jeremia hier nur die hebräische Methode der Wiederholung, um etwas hervorzuheben. Er war überredet und überwältigt. Er war hilflos, unfähig gegenüber der absoluten Allmacht Gottes. Er war sich seiner Kreatürlichkeit zutiefst bewußt.

Daran erinnert zu werden, daß wir Geschöpfe sind, ist nicht immer angenehm. Die Worte Satans in seiner ursprünglichen Versuchung sind nur schwer aus unserem Bewußtsein zu tilgen. „Ihr werdet sein wie Gott!" Dieser entsetzlichen Lüge Satans würden wir zu gerne Glauben schenken. Wenn wir wie Gott sein könnten, wären wir unsterblich, unfehlbar und unwiderstehlich. Eine Menge weiterer Fähigkeiten und Charakteristika wären uns eigen, über die wir als Geschöpfe nicht verfügen.

Der Tod flößt uns Furcht ein. Wenn wir jemanden sterben sehen, werden wir an unsere eigene Sterblichkeit erinnert, daran, daß eines Tages der

Tod auch zu uns kommt. Diesen Gedanken versuchen wir zu verdrängen. Es wird uns ungemütlich, wenn der Tod eines anderen Menschen grob in unser Leben eindringt und uns daran erinnert, was uns in unbekannter Zukunft erwartet. Der Tod erinnert uns daran, daß wir Geschöpfe sind. Aber wie furchterregend der Tod uns auch immer sein mag, es ist nichts im Vergleich zu einer Begegnung mit dem heiligen Gott. Wenn wir Gott begegnen, überfällt uns das Wissen um unsere Kreatürlichkeit mit ganzer Macht und zerschmettert den Mythos, der uns das Gefühl verleiht, wir seien kleine Götter und würden immer so weiterleben.

Als sterbliche Menschen sind wir allen Arten von Ängsten ausgesetzt. Manche Menschen fürchten sich vor Katzen, andere vor Schlangen, wieder andere vor Menschenmassen oder luftigen Höhen. Diese Ängste zehren an unseren Kräften und rauben uns den inneren Frieden.

Es gibt eine spezielle Art von Angst oder Phobie, unter der wir alle leiden. Das ist die *Xenophobie.* Das griechische Wort *xeno* bedeutet *fremd.* Xenophobia ist die Angst (manchmal bis zum Haß gesteigert) vor Fremdem oder allem, was uns fremd ist. Mehr als alles, was uns je begegnen kann, ist Gott das Objekt unserer Xenophobie. Er ist der in höchstem Maß Fremde. Er ist heilig, und wir sind es nicht.

Wir fürchten Gott, weil er heilig ist. Unsere Angst ist nicht die „Furcht des Herrn", die uns die Bibel nahelegt. Es ist eine knechtische Angst, aus Schrecken und Gram geboren. Gott ist für uns zu groß; er ist zu furchterregend. Er stellt schwierige Forderungen an uns. Er ist der mysteriöse Fremde, der unsere Sicherheit bedroht. In seiner Gegenwart zittern und beben wir. Gott persönlich begegnen zu müssen, kann unser schlimmstes Trauma sein.

*Heilige Männer waren betroffen und überwältigt,*
*wenn immer sie die Gegenwart Gottes*
*wahrgenommen haben . . .*
*Nie ist der Mensch gebührend ergriffen und beeindruckt*
*von seiner eigenen Bedeutungslosigkeit,*
*bis er sich selbst im Kontrast*
*zu der Majestät und Herrlichkeit Gottes sieht.*

Johann Calvin

# Das Trauma der Heiligkeit

Es war eine dunkle, stürmische Nacht. Ich habe lange darauf gewartet, eine Geschichte mit dieser klassischen Aussage beginnen zu können. Dieser einleitende Satz wird so verschmäht, daß Literaturfreunde einen Club gegründet haben, der den Namen „Dunkler, stürmischer Nachtclub" trägt. Jedes Jahr vergibt dieser Club Preise für die schlechtesten ersten Sätze von Büchern und Esseys.

Vielleicht gab es einen solchen Club schon, als Markus sein Evangelium schrieb. Beachten wir, wie er die Geschichte von der Stillung des Sturms beginnt:

> *Und am Abend desselben Tages sprach er zu ihnen: Laßt uns hinüberfahren (Markus 4,35).*

Jesus und seine Jünger waren in Galiläa. Jesus hatte die Menschenmenge gelehrt, die am Ufer des großen Sees mit dem Namen Galiläisches Meer zusammengekommen war. Dieses Wasser ist eines der großartigen Gebilde der Natur. Der See füllt ein Becken, das von Bergen umgeben ist. Sein frisches Wasser bildet eine wichtige Lebensquelle des dürren Landes von Palästina.

Die Jünger waren Fischer von Beruf. Sie waren Saisonarbeiter auf dem See. Sie kannten seine Strömungen, seine Tücken und seine Schönheit. Das Galiläische Meer ist wie eine bezaubernde Frau, mit stürmischen, sich verändernden Launen. Jeder Segler der Gegend kennt dieses sich rasch verändernde Wasser. Wegen seiner besonderen Lage zwischen dem Mittelmeer und der Wüste ist der See eigenartigen, plötzlichen Wetterwendungen ausgesetzt. Heftige Stürme können, wie aus einem Tunnel kommend, über seine Oberfläche peitschen. Sie kommen ohne Vorwarnung und können das sonst ruhige Wasser innerhalb weniger Sekunden in einen tobenden Aufruhr verwandeln. Selbst mit heutigen modernen Ausrüstungen sind die Gefahren des launischen Gewässers nicht gebannt. Und es gibt viele Segler, die sich nicht auf diesen See hinauswagen.

Die Jünger Jesu hatten zwei Pluspunkte. Sie waren Veteranen auf dem See, und sie hatten den Meister im Boot. Sie machten ihre Boote bereit und fuhren ab. Dann bekam der See sozusagen einen Wutanfall. Die bezaubernde Dame war rasend.

> *Und es erhob sich ein großer Windwirbel, und die Wellen schlugen in das Boot, so daß das Boot schon voll wurde (Markus 4,37).*

Was jeder galiläische Fischer am meisten fürchtete, geschah. Der nicht vorhersehbare Orkan war da. Seine Wildheit drohte das Boot umzuschlagen. Selbst der stärkste Schwimmer könnte sich in diesem aufgewühlten Wasser nicht halten. Die Männer klammerten sich an das Schanzdeck, bis ihre Knöchel weiß wurden. Ihre Boote waren rohe Fischerboote, keine Luxusjachten. Eine plötzliche Drehung, eine hohe Welle breitseits konnte ihnen allen den Tod bringen. Sie führten einen harten Kampf, um den Bug im Wasser zu halten. Vielleicht war es hier, wo das Stoßgebet des Seglers zum erstenmal gesprochen wurde: „Oh Herr, deine Wasser sind so groß, und mein Boot ist so klein!"

Jesus lag hinten im Schiff, in tiefem Schlaf. Ich habe ähnliches Verhalten erlebt. Ich bin in Flugzeugen gewesen, die von stürmischen Böen erschüttert wurden. Ich habe erlebt, wie ein Flugzeug plötzlich absackte und mehrere tausend Meter an Höhe verlor. Ich habe Passagiere vor Angst schreien hören und Stewardessen am Rande der Panik gesehen – während der Mann neben mir wie ein Baby schlief. Ich hätte ihn gerne wachgerüttelt und gefragt: „Was ist los mit dir? Hast du nicht Vernunft genug, um dich zu fürchten?"

Die Bibel sagt uns, daß Jesus auf einem Kissen schlief. Während alle anderen von Panik erfüllt waren, konnte der Herr friedlich schlummern. Die Jünger ärgerten sich. Ihre Gefühle waren ein Gemisch von Furcht und Zorn. Sie gingen, um den Meister aufzuwecken. Ich weiß nicht, was sie von ihm in dieser Situation erwarteten. Aus dem Text geht hervor, daß sie bestimmt nicht erwartet hatten, was dann wirklich geschah. Ihre Lage war hoffnungslos. Die Wellen wurden mit jeder Sekunde höher und vernichtender. Sie hatten keine Ahnung von dem, was ihr Meister tun würde. Sie waren, wie Menschen überall sind. Wenn Gefahren drohen, schauen sie auf ihre Anführer, weil sie nicht wissen, was sie tun sollen. Es ist die Aufgabe des Anführers zu wissen, was als nächstes zu tun ist, selbst dann, wenn es keinen möglichen nächsten Schritt gibt.

*Und er war hinten im Boot und schlief auf einem Kissen. Und sie weckten ihn auf und sprachen zu ihm: Meister, fragst du nichts danach, daß wir umkommen? (Markus 4,38)*

Ihre Frage war eigentlich keine Frage; sie war eine Anklage. Ihre Andeutung war nur dünn verschleiert. In Wirklichkeit sagten sie: Es kümmert dich überhaupt nicht, wenn wir untergehen! Sie beschuldigten den Sohn Gottes der Unbarmherzigkeit, der Mitleidlosigkeit. Dieser unverschämte Angriff auf Jesus ist eine beständige, allgemein übliche Haltung der Menschen gegenüber Gott. Gott muß sich jeden Tag Klagen dieser Art von einer undankbaren Menschheit anhören. Man nennt ihn lieblos, grausam, nicht an den Menschen interessiert, als ob er nicht schon genug getan hätte, um uns seine Liebe und Barmherzigkeit zu zeigen.

Es gibt keinen Hinweis in dem Text, daß Jesus auf die „Frage" seiner Jünger geantwortet hätte. Er machte keine Worte, sondern handelte. Er sparte seine Worte für die Wellen und den Sturm:

*Und er stand auf und bedrohte den Wind und sprach zu dem Meer: Schweig und verstumme! Und der Wind legte sich, und es entstand eine große Stille. Und er sprach zu ihnen: Was seid ihr so furchtsam? Habt ihr keinen Glauben? (Markus 4,39-40)*

Das Leben Jesu war angefüllt mit Wundertaten. Er vollbrachte so viele, daß wir beim Lesen derselben leicht abgestumpft werden können. Wir gehen oft darüber hinweg, ohne noch viel davon berührt zu werden. Die Stillung des Sturms ist eines der erstaunlichsten seiner Wunder. Diese Begebenheit beeindruckte die Jünger besonders. Es war ein Wunder, das selbst sie erschreckte.

Jesus beherrschte die wütenden Naturgewalten mit dem Klang seiner Stimme. Wir lesen nicht, daß er betete. Er bat nicht den Vater, ihn aus dem Aufruhr zu retten. Er griff direkt in die Situation ein. Er sprach einen Befehl aus, einen göttlichen Imperativ. Im selben Moment gehorchte die Natur. Der Sturm hörte die Stimme seines Schöpfers. Die Wasser erkannten den Befehl ihres Herrn. Der Wind hörte sofort auf. Kein Lüftchen war mehr zu spüren. Der See wurde wie Glas, ohne die geringste Kräuselung.

Beachten wir die Reaktion der Jünger. Der See war ruhig, aber sie waren erschüttert:

*Sie aber fürchteten sich sehr und sprachen untereinander: Wer ist der? Auch Wind und Meer sind im gehorsam! (Markus 4,41)!*

Wir sehen hier ein ungewöhnliches Verhalten. Daß der Sturm und der aufgewühlte See die Jünger erschreckte, ist nicht verwunderlich. Aber nachdem die Gefahr vorüber und das Wasser wieder ruhig geworden war, hätte doch auch ihre Angst verschwinden müssen. Das Gegenteil können wir sehen. Die Furcht der Jünger war eher noch größer geworden. Wie können wir das erklären?

Es war der Vater der modernen Psychiatrie, Sigmund Freud, der die Theorie entwickelte, der Mensch habe Gott erfunden aus Angst vor den Naturgewalten. Bei Erdbeben, Wasserfluten, zerstörenden Krankheiten und dergleichen fühlt sich der Mensch hilflos. Deswegen, so Freud, erfand der Mensch einen Gott, der Macht über diese Naturgewalten hat. Gott ist eine Person. Wir können mit Gott reden. Wir können versuchen, mit ihm zu handeln. Wir können ihn bitten, uns vor den zerstörenden Gewalten zu retten. Mit Erdbeben, Wasserfluten und Krebsgeschwüren können wir nicht reden. Deswegen, so die Theorie, haben wir Gott erfunden, der uns helfen soll, wo wir machtlos sind.

Das Bedeutungsvolle in der zitierten Geschichte ist die Tatsache, daß die Furcht der Jünger noch zunahm, nachdem die Bedrohung durch den Sturm vorbei war. Der Sturm jagte ihnen Angst ein. Jesu Tat der Stillung des Sturms versetzte sie in noch größeren Schrecken. In der Macht Jesu begegnete ihnen etwas, das sie noch mehr fürchteten als die Naturgewalten. Sie erkannten plötzlich, daß sie in der Gegenwart des Heiligen standen. Wir fragen uns, was Freud dazu zu sagen gehabt hätte. Warum sollte der Mensch einen Gott erfinden, dessen Heiligkeit noch schrecklicher ist als die Gewalten der Natur, die sie dazu bewogen hatten, eben diesen Gott zu erfinden? Wir könnten verstehen, wenn sich der Mensch einen unheiligen Gott schaffen würde, einen Gott, der ihn tröstet. Aber warum einen Gott, vor dem er sich noch mehr fürchten muß als vor Erdbeben, Wasserfluten und Krankheiten? Es ist eine Sache, bei einem Erdbeben ums Leben zu kommen oder an Krebs zu sterben, aber es ist etwas anderes, *in die Hände des lebendigen Gottes zu fallen.*

Was die Jünger sagten, nachdem Jesus den Sturm gestillt hatte, ist sehr aufschlußreich. Sie fragten sich untereinander: Was für ein Mensch ist dieser, daß auch der Wind und der See ihm gehorchen? Sie versuchten, Jesus in eine ihnen bekannte Kategorie einzuordnen, ihn einem Menschentyp zuzurechnen, mit dem sie vertraut waren. Wenn wir erkennen, welcher Art ein Mensch ist, wissen wir, wie wir mit ihm umzugehen haben. Feindseligen Menschen begegnen wir anders als freundlichen. Einem intellektuellen Typ stehen wir anders gegenüber als einem geselligen.

Die Jünger konnten keine passende Kategorie finden, in der sie Jesus hätten unterbringen können. Er war anders als alle anderen Menschen. Er war eine eigene Klasse für sich. Die Jünger waren noch nie einem solchen Menschen begegnet. Er war ihnen ein total Fremder. Sie hatten schon viele Menschen kennengelernt - große, kleine, dünne, dicke, kluge und dumme, faule und fleißige. Sie waren Griechen und Römern, Syrern und Ägyptern,

Samaritern und vielen Juden begegnet. Aber sie hatten noch nie einen heiligen Menschen kennengelernt, einen Menschen, der mit Wind und Wellen redete, einen, dem die Naturgewalten gehorchten.

Daß Jesus während des Sturms auf dem See schlafen konnte, war schon befremdend genug. Aber das war nichts Einmaliges. Ich denke da wieder an meinen Nachbarn im Flugzeug, der schlafen konnte, während ich von Panik ergriffen war. Es geschieht sicher selten, daß Menschen in solchen Krisen schlafen können, aber es ist nichts, was noch nie dagewesen wäre. Ich war beeindruckt von meinem Freund im Flugzeug. Aber er wachte nicht auf, um dem Wind zu befehlen und die gefährliche Situation auf sein Gebot hin zu ändern.

Jesus war anders. Er besaß eine furchterregende Andersartigkeit. Er war der im höchsten Maß mysteriöse Fremde. Die Menschen fühlten sich unbehaglich in seiner Gegenwart. Der Stillung des Sturms auf dem See folgte eine Art Antwort in der Tätigkeit Jesu. Lukas berichtet, was am See Genezareth geschah. Das Galiläische Meer und der See Genezareth sind ein und dasselbe Gewässer; es gibt mehrere Bezeichnungen dafür.

> *Es begab sich aber, da sich das Volk zu ihm drängte, zu hören das Wort Gottes, daß er stand am See Genezareth und sah zwei Schiffe am See liegen; die Fischer aber waren ausgestiegen und wuschen ihre Netze. Da trat er in der Schiffe eines, welches Simon war, und bat ihn, daß er's ein wenig vom Lande führte. Und er setzte sich hin und lehrte das Volk aus dem Schiff. Und als er aufgehört hatte zu reden, sprach er zu Simon: Fahre auf die Höhe und werfet eure Netze aus, daß ihr einen Zug tut! Und Simon antwortete und sprach zu ihm: Meister, wir haben die ganze Nacht gearbeitet und nichts gefangen; aber auf dein Wort will ich das Netz auswerfen. Und da sie das taten, fingen sie eine große Menge Fische, und ihre Netze begannen zu reißen. Und sie winkten ihren Gesellen, die im anderen Schiff waren, daß sie kämen und hülfen ihnen ziehen. Und sie kamen und füllten beide Schiffe voll, also daß sie sanken (Lukas 5,1- 7).*

Wenn die Jünger je Verdruß und Ärger über ihren Meister zeigten, dann sicher bei dieser Gelegenheit. Petrus war müde. Er hatte die ganze Nacht gearbeitet und war unzufrieden und enttäuscht, da alle Mühe vergebens gewesen war. Sie hatten nichts gefangen. Diese Erfahrung reicht, um einen Berufsfischer in schlechte Laune zu versetzen. Dazu kam die Belastung durch die vielen Menschen, die den ganzen Vormittag um ihn herum waren, während Jesus sie lehrte. Als Jesus seine Predigt beendet hatte, war Simon bereit, nach Hause zu gehen, um endlich schlafen zu können. Statt dessen wollte Jesus fischen. Er hatte eine tolle Idee, das Netz in tiefem Wasser auszuwerfen.

Man benötigt nicht viel Einbildungskraft, um zwischen den Zeilen zu lesen und Simons Sarkasmus zu erkennen. „Meister, wir haben die ganze Nacht hart gearbeitet und nichts gefangen. Aber weil du es sagst, will ich das Netz auswerfen." Wirklicher Respekt für die Weisheit Jesu hätte Simon einfach sagen lassen: „Ja Herr, ich will es tun!" Statt dessen fand er es nötig, seine Enttäuschung zum Ausdruck zu bringen. Es ist, als ob er sagt: „Sieh, Herr, du bist ein ausgezeichneter Lehrer. Deine Predigten machen uns alle sprachlos. Es gibt keinen größeren Theologen als dich. In Glaubensdingen bist du uns allen überlegen. Aber bitte, traue uns auch ein wenig zu. Wir sind Berufsfischer. Wir kennen unsere Arbeit. Wir waren die ganze Nacht da draußen - vergeblich. Die Fische sind einfach zu träge heute. Laß uns zu Bett gehen und unser Glück später wieder versuchen. Aber wenn du darauf bestehst, werden wir die Netze natürlich hinunterlassen."

Ich kann mir den Simon Petrus gut vorstellen, wie er einen wissenden Blick mit Andreas wechselt und etwas Unverständliches in seinen Bart murmelt, während er die Netze, die er gerade gesäubert hat, wieder an Bord holt. Vielleicht hat er bei sich selbst gedacht: Diese Prediger sind doch alle gleich. Sie denken, sie wüßten alles.

Wir wissen, wie die Geschichte endete. Als sie das Netz da ausgeworfen hatten, wo Jesus ihnen gesagt hatte, war es, als ob alle Fische des Sees in ihr Netz sprangen. Es war, als ob die Fische ein Wettschwimmen veranstalteten, bei dem keiner der Letzte im Netz sein wollte.

Die Männer fingen so viele Fische, daß die Netze anfingen zu reißen. Und als die anderen Jünger ihnen mit ihrem Boot zu Hilfe kamen, reichte das immer noch nicht aus. Beide Boote füllten sich bis zum Rand mit Fischen, so daß beide zu sinken drohten. Das war der außerordentlichste Fang, den die Fischer je gesehen hatten.

Wie reagierte Petrus nun? Wie würden wir reagiert haben? Ich weiß, was ich getan hätte. Ich hätte diesen Mann gebeten, einmal im Monat für fünf Minuten an den See zu kommen und das Wunder zu wiederholen. Ich hätte das lukrativste Fischereigeschäft der ganzen Gegend gehabt.

Geschäft und Profit waren jedoch weit weg vom Denken des Simon Petrus. Er hat wohl gar nicht mehr die Fische gesehen. Er sah nur noch den Meister. Und hören wir, was er sagte:

> *Da das Simon Petrus sah, fiel er Jesus zu Füßen und sprach: Herr, gehen von mir hinaus! Ich bin ein sündiger Mensch (V.8).*

In diesem Augenblick erkannte Petrus, daß er sich in der Gegenwart des Heiligen in Menschengestalt befand. Er war höchst beunruhigt und erschrocken. Seine erste Reaktion war Anbetung; er fiel vor dem Meister auf die Knie. Aber statt etwa zu sagen: „Herr, ich bete dich an. Ich verherrliche dich!", sagte er: „Bitte, gehe hinweg von mir, ich kann es nicht ertragen!"

Die Geschichte des Lebens Jesu ist eine Geschichte der Menschenmassen, die zu ihm hinströmen, die ihn sehen und berühren wollen. Der Aussätzige ruft: „Hab Erbarmen mit mir!" Da ist die Frau mit den schweren Blutungen; sie streckt ihre Hand aus, um nur seine Kleidung zu berühren. Da ist der Dieb am Kreuz, der sich anstrengt, die Worte des sterbenden Jesus zu hören. Da sind all die vielen Menschen, die sagen: „Komm zu mir! Sieh mich an! Berühre mich!"

Nicht so Petrus. Seine angstvolle Bitte ist eine andere. Er bittet Jesus, von ihm zu gehen, ihm Raum zu geben, ihn alleine zu lassen.

Warum? Wir brauchen hier nicht zu spekulieren, nicht zwischen den Zeilen zu lesen. Denn die Zeilen sagen klar und deutlich, warum Petrus will, daß Jesus ihn verläßt: „Ich bin ein sündiger Mensch!" Sündige Menschen fühlen sich in der Gegenwart des Heiligen nicht wohl. Diebe suchen die Gesellschaft von Dieben. Leute mit Problemen werden magisch angezogen von Menschen mit den gleichen Lasten. Diebe suchen nicht die tröstende Gegenwart von Polizisten. Sündenelend fühlt sich nicht wohl in der Gegenwart von Reinheit.

Wir sehen, daß Jesus dem Petrus keine Standpauke über seine Sünde hielt. Da war kein Tadel, keine Verurteilung. Alles, was Jesus tat, war, Petrus zu zeigen, wie man Fische fängt. Wenn der Heilige sich offenbart, sind keine Worte mehr nötig. Petrus empfing die Botschaft, die unmöglich überhört oder übersehen werden konnte. Der übernatürliche, der göttliche Standard aller Gerechtigkeit und Reinheit stand wie ein loderndes Feuer vor seinen Augen. Wie schon Jesaja Hunderte von Jahren vor ihm, so erlebte auch Petrus die Vernichtung seiner bisherigen Persönlichkeit.

Sonderbar ist es, daß durch die ganze Geschichte hindurch dieser Jesus von Nazareth selbst von Ungläubigen eine überaus gute Beurteilung erfährt. Nur selten geschieht es, daß ein Ungläubiger unfreundlich über Jesus spricht. Selbst Menschen, die sich der Gemeinde des Herrn und einzelnen Christen gegenüber feindselig verhalten, sparen oft nicht das Lob über Jesus selbst. Sogar Nietzsche, der Gott für tot erklärte und vom Verfall der Kirche sprach, redete von Jesus als von einem Helden. In den späteren Jahren seines Lebens, die Nietzsche in geistiger Umnachtung verbrachte, bezeugte er seinen eigenen Irrsinn, indem er seine Briefe mit „Der Gekreuzigte" unterzeichnete.

Das überwältigende Zeugnis der Welt gilt der unvergleichlichen Vollkommenheit Jesu. Selbst George Bernhard Shaw, der Jesus sehr kritisch betrachtete, konnte sich keinen höheren Standard als den des Jesus von Nazareth vorstellen. Er sagte von Jesus: „Manchmal benahm er sich nicht wie ein Christ." Die Ironie in Shaws Kritik kann uns nicht entgehen.

Den hohen moralischen Standard des Lebens Jesu bewundern auch

Menschen, die seine Göttlichkeit und Heilsfunktion leugnen. Wie Pontius Pilatus erklären sie: „Sehet, welch ein Mensch!" Und: „Ich finde keine Schuld an ihm."

Bei all der Bewunderung und Zustimmung, die Jesus von heutigen Menschen erfährt, ist es nur schwer zu verstehen, warum ihn seine Zeitgenossen getötet haben. Warum schrien die Massen nach seinem Blut? Warum lehnten die Pharisäer ihn ab? Warum wurde ein so aufrechter, freundlicher Mann vom höchsten religiösen Gericht des Landes zum Tode verurteilt?

Um dieses Geheimnis zu verstehen, müssen wir uns das moderne Palästina etwas ansehen. Der Pilger, der nach Jerusalem kommt, ist überwältigt von der Pracht und Herrlichkeit der ehrwürdigen Stadt. Des Nachts sind die antiken Mauern in Flutlicht getaucht und verleihen der Heiligen Stadt ein magisches Aussehen. Wenn sich jemand der Stadt vom Ölberg her, durch das Kidrontal, über die alten, gewundenen Wege nähert, kommt er an den Denkmälern und geschmückten Gräbern der Propheten vorbei. Diese Erinnerungsstätte besteht seit Jahrhunderten und geht bis auf die Zeit Jesu zurück.

In den Tagen Jesu wurden die alten Propheten verehrt. Sie waren die großen Volkshelden der Vergangenheit. Zu ihren Lebzeiten wurden sie allerdings gehaßt, verachtet, abgelehnt, verfolgt und getötet.

Stephanus war der erste christliche Märtyrer. Er wurde von einer rasenden Menschenmenge getötet, weil er seine Zuhörer an das Blut erinnert hatte, das an ihren Händen klebte:

> *Ihr Halsstarrigen, mit verstockten Herzen und tauben Ohren, ihr widerstrebt allezeit dem heiligen Geist, wie eure Väter, so auch ihr. Welchen Propheten haben eure Väter nicht verfolgt? Und sie haben getötet, die zuvor verkündigten das Kommen des Gerechten, dessen Verräter und Mörder ihr nun geworden seid. Ihr habt das Gesetz empfangen durch Weisung der Engel und habt's nicht gehalten (Apostelgeschichte 7,51-53).*

Man hätte erwarten können, daß diese scharfen Worte des Stephanus in die Herzen der Zuhörer dringen und die Menschen zur Umkehr leiten würden. Aber die Wirkung war ganz anders:

> *Als sie solches hörten, ging's ihnen durchs Herz und knirschten mit den Zähnen über ihn. Er aber voll heiligen Geistes sah auf gen Himmel und sah die Herrlichkeit Gottes und Jesus stehen zur Rechten Gottes und sprach: Siehe, ich sehe den Himmel offen und des Menschen Sohn zur Rechten Gottes stehen. Sie schrien aber laut und hielten ihre Ohren zu und stürmten einmütig auf ihn ein, stießen ihn zur Stadt hinaus und steinigten ihn. Und die Zeugen legten ab ihre*

*Kleider zu den Füßen eines Jünglings, der hieß Saulus (Verse 54-57).*

Die Menschen schätzen moralische Vollkommenheit, solange sie weit genug von ihnen entfernt bleibt. Die Juden ehrten die Propheten aus einem sicheren Abstand. Die Welt verehrt Christus mit weitem Abstand.

Petrus wollte gern in der Nähe Jesu verweilen, bis er zu nahe kam. Da rief er: „Bitte, gehe von mir!"

Vor einigen Jahren standen Bücher über das Peter-Prinzip auf den Bestsellerlisten. Die Leitlinie dieser Lehre ist inzwischen zum allgemein anerkannten Grundsatz in der Geschäftswelt geworden. Sie besagt, daß in korporativen Strukturen jemand bis zu der Stufe seiner persönlichen Inkompetenz aufsteigen und dann für den Rest seines Lebens in einer Position hängen bleiben kann, die eigentlich eine Nummer zu groß für ihn ist - eine Tragödie für den Betreffenden und für seine Firma.

Natürlich wird nicht jeder in diesem Prinzip gefangen. Es gibt Menschen, die von Anfang an unfähig sind und deswegen immer unten stehen bleiben. Aber es gibt andere, die überaus begabt und fähig sind, aber trotzdem nicht die Stufenleiter des Erfolgs hinaufsteigen. Der Grund hierfür ist leicht ersichtlich. Jeder, der etwas höher steht als diese gescheiten Leute, sieht in ihnen eine Gefahr für die eigene Stellung und wird sie deswegen zu keiner Beförderung vorschlagen. So jemand kann im allgemeinen nur vorankommen, wenn er von einer Korporation zur anderen springt und dabei immer höher hinaufsteigt.

Wir haben schon alle erlebt, daß jemand abgelehnt wird, nur weil er besser ist als alle um ihn herum. Jesus war besser als alle seine Zeitgenossen. Er kannte die Schrift wie kein anderer. Er redete mit Vollmacht, und viele verehrten ihn. Das konnten die Machthaber in Jerusalem nicht tolerieren.

Die Partei der Juden, die aus den erklärten Todfeinden dieses Jesus bestand, nannte sich Pharisäer. Ihre Sekte war zwischen dem Abschluß der alttestamentlichen Periode und dem Beginn der neutestamentlichen entstanden. Es waren alles Männer, die um das Mosaische Gesetz eiferten. Das Wort *Pharisäer* bedeutet wörtlich: *einer, der abgetrennt ist.* Die Pharisäer sonderten sich von dem Rest des Volkes ab, und das Ziel ihres Lebens war ihre Heiligung.

Durch ihr eifriges Streben nach Heiligkeit hatten die Pharisäer eine öffentliche Anerkennung für Frömmigkeit und Gerechtigkeit erreicht, die ihresgleichen suchte. Niemand konnte sich ihnen gleichstellen. Sie waren die angesehensten Leute unter ihren Zeitgenossen, die bevorzugten Gäste bei Festgelagen, die bewunderten Experten ihrer Religion. Ihre Kleidung trug die Abzeichen höchster Rangeinstufung. Ihre frommen Übungen verrichteten sie gerne auf öffentlichen Plätzen. Sie fasteten, wo sie jeder sehen konnte, und beteten an Straßenecken und Märkten. Niemand konnte den

Klang einer Münze überhören, die ein Pharisäer einem Bettler zuwarf. Ihre Heiligkeit konnte jedermann sehen.

Jesus nannte sie Heuchler.

„Weh euch Schriftgelehrte und Pharisäer, ihr Heuchler, die ihr Land und Meer durchziehet, damit ihr *einen* Judengenossen gewinnt; und wenn er es geworden ist, macht ihr aus ihm ein Kind der Hölle, doppelt so schlimm wie ihr!" Jesu Brandmarkung der Pharisäer war schonungslose, harte Kritik. Er bezichtigte sie der Heuchelei in mehreren Punkten. Einige der Anklagen wollen wir uns hier ansehen:

*Da redete Jesus zu dem Volk und zu seinen Jüngern und sprach: Auf des Mose Stuhl sitzen die Schriftgelehrten und Pharisäer. Alles nun, was sie euch sagen, das tut und haltet; aber nach ihren Werken sollt ihr nicht tun; sie sagen's wohl und tun's nicht. Sie binden schwere Bürden und legen sie den Menschen auf den Hals; aber sie selbst wollen sie nicht mit einem Finger anrühren. Alle ihre Werke aber tun sie, damit sie von den Leuten gesehen werden. Sie machen ihre Gebetsriemen bereit und die Quasten an ihren Kleidern groß. Sie sitzen gerne obenan bei Tisch und in den Synagogen und haben's gerne, daß sie gegrüßt werden auf dem Markt und von den Menschen Rabbi genannt werden (Matthäus 23,1-7).*

Da gibt es keine beschönigende Untertreibung und keine glaubwürdige Eigenschaft ihrer Heiligkeit. In allem, was sie taten, waren sie auf Schau aus. Ihre Heiligkeit war Schande, eine vorgespielte Gerechtigkeit.

*Weh euch, Schriftgelehrte und Pharisäer, ihr Heuchler, die ihr die Becher und Schüsseln auswendig rein haltet, inwendig aber sind sie voll Raub und Gier! Du blinder Pharisäer, reinige zum ersten, was inwendig im Becher ist, auf das auch das Auswendige rein werde!*

*Wehe euch, Schriftgelehrte und Pharisäer, ihr Heuchler, die ihr seid wie die übertünchten Gräber, welche auswendig hübsch scheinen, aber inwendig sind sie voller Totengebeine und lauter Unrat! So auch ihr: von außen scheint ihr von den Menschen fromm, aber inwendig seid ihr voller Heuchelei und Übertretung (Matthäus 23,25-28).*

Die Bilder, die Jesus hier gebraucht, sind eindrucksvoll. Er vergleicht die Pharisäer mit Gefäßen, die nur an der Außenseite sauber sind. Stellen wir uns einmal vor, wir seien in einem Restaurant und der Ober setzt uns Tassen vor, die außen glänzen, und innen hängt der eingetrocknete Kaffeesatz vom Vortag. Bei diesem Anblick würde uns sicher der Appetit vergehen. So war das Leben der Pharisäer. Wie weiß getünchte Gräber, die die schauerliche Verwesung der Körper verdecken, so versteckte die fromme Fassade der Pharisäer die Verderbtheit ihrer Seelen.

Betrachten wir kurz die Benennungen, die Jesus den Pharisäern beilegt:

Schlangen, Otternbrut, blinde Führer, Kinder der Hölle, blinde Narren. In solcher Anrede sind wirklich keine Komplimente enthalten. Jesus sparte nicht mit scharfem Tadel bei der Warnung vor diesen Männern. Seine Worte waren ungewöhnlich hart, aber nicht ungerechtfertigt hart. Sie unterschieden sich von seiner gewöhnlichen Redeweise. Meistens geschah seine Zurechtweisung zwar bestimmt, doch in freundlicher Weise. Es scheint, daß er die scharfen Worte ausschließlich für die Großen, die Professionellen aufgehoben hatte.

Man könnte argumentieren, daß die Pharisäer Jesus wegen dieser scharfen Kritik haßten. Niemand läßt sich gerne kritisieren, vor allem die Leute nicht, die sonst immer gelobt werden. Aber die Bosheit der Pharisäer lag tiefer. Wir können als gesichert annehmen, daß sie Jesus auch dann verachtet hätten, wenn er gar nichts zu ihnen gesagt hätte. Seine bloße Gegenwart genügte ihnen, um vor ihm zurückzuschrecken.

Man sagt, daß nichts eine Lüge so schnell vertreibt wie die Wahrheit; nichts enthüllt Fälschung schneller als Echtheit. Geschickt gefälschte Banknoten mögen von ungeübten Augen nicht als solche erkannt werden. Was jeder Fälscher fürchtet, ist der Umstand, daß jemand sein nachgemachtes Exemplar neben einen echten Schein halten könnte. Die Gegenwart Jesu repräsentiert die Gegenwart des Echten, mitten unter Fälschungen. Der eine wirklich Heilige war erschienen. Das konnte die gefälschten Heiligen nicht erfreuen.

Die Sadduzäer hatten das gleiche Problem mit Jesus. Sie waren die gehobene Priesterklasse ihrer Zeit. Sie leiteten ihren Namen von dem alttestamentlichen Priester Zadok ab und damit von dem jüdischen Wort für Gerechtigkeit. Wenn die Pharisäer sich als die Heiligen betrachteten, so nahmen die Sadduzäer für sich in Anspruch, die Gerechten zu sein. Mit dem Auftreten Jesu gewann ihre Gerechtigkeit den Anstrich von Ungerechtigkeit. Somit waren auch sie nicht mehr die Erhabenen, die Besten der Gesellschaft.

Der Unmut der Pharisäer und Sadduzäer über Jesus, der als unbedeutender Ärger begonnen hatte, war zu glühendem Zorn angewachsen und explodierte schließlich in der Forderung nach seiner Kreuzigung. Sie konnten ihn einfach nicht tolerieren. Seine Jünger konnten Jesus am See Genezareth in keine ihrer menschlichen Kategorien einordnen. Sie konnten ihre eigenen Fragen nach der Art dieses Menschen nicht beantworten. Die Pharisäer und Sadduzäer hatten eine fertige Antwort. Sie erfanden eine Kategorie für Jesus: Er war ein „Lästerer" und ein „Teufel". Er mußte gehen. Der in höchsten Maße Kompetente mußte zerstört werden.

Der menschgewordene Jesus geht nicht mehr über diese Erde. Er wurde in den Himmel aufgenommen. Niemand sieht oder hört ihn heute mit seinen leiblichen Augen oder Ohren. Die drohende Macht seiner Heiligkeit empfinden wir dennoch. Manchmal wird etwas von seiner Heiligkeit seinem Volk vermittelt. So wie die Juden am Fuße des Berges Sinai in Panik vor dem glänzenden Angesicht des Mose flohen, so fühlen sich heute oft Menschen unbehaglich in der bloßen Gegenwart von Christen.

Mein Kampf beim Erlernen der holländischen Sprache war einer der schwierigsten Aspekte meiner Ausbildung. Als ich anfing, in Holland zu studieren, verblüffte mich der fröhliche Klang dieser Sprache. Der Klang der Vokale war für mich fast nicht nachzuahmen, und die Sprache ist so reich an für mich fremden Redensarten. So oft, wenn ich dachte, ich könnte die Sprache endlich meistern, hörte ich eine Redensart, die mir völlig mysteriös war.

Eine solche Redewendung hörte ich bei einer Party im Hause eines Freundes in Amsterdam. Die Unterhaltung war anregend, bis plötzlich eine Pause eintrat und eine kurze verlegene Stille folgte. Um diese Stille zu unterbrechen, sagte einer meiner holländischen Freunde: „Er gaat een Domine voorbij!"

Ich fragte: „Was hast du gesagt?" Die unbegreifliche Redewendung wurde wiederholt. Ich verstand die Worte, aber der Satz ergab für mich keinen Sinn. Mein Freund hatte gesagt: „Ein Pastor ging vorbei!"

Auf meine nochmalige Frage erklärte man mir, die Redewendung sei eine Erklärung für die plötzliche Stille. Man wollte damit ausdrücken, nichts könne die Fröhlichkeit einer Party schneller ruinieren als die Gegenwart eines Geistlichen. Wenn der Pastor auftaucht, ist es mit der Fröhlichkeit vorbei.

Ein ähnliches Phänomen erfahre ich öfters auf dem Golfplatz. Wenn ich mit Fremden zusammen spiele, geht alles wunderbar, bis sie mich nach meinem Beruf fragen. Sobald sie erfahren, daß ich Pastor bin, ändert sich die ganze Atmosphäre. Meine Mitspieler rücken etwas von mir ab, als ob sie plötzlich erkennen würden, daß ich eine schreckliche Krankheit habe, die möglicherweise anstecken könnte. Ausgiebige Entschuldigungen bezüglich ihrer Sprache folgen: „Es tut mir leid, daß ich geflucht habe. Ich wußte ja nicht, daß Sie Pastor sind!" Als ob ein Pastor nie vorher solche Worte gehört habe oder als ob es undenkbar sei, daß solche Worte je über die Lippen eines Predigers kommen könnten. Den Jesaja-Komplex der unreinen Lippen gibt es auch heute noch. Die Schrift sagt, daß ein böser Mensch selbst dann flieht, wenn keiner ihn verfolgt. Luther sagt: „Der Heide zittert beim Rascheln eines Blattes." Das unbehagliche Gefühl, das manche Menschen in der Gegenwart eines Geistlichen befällt, ist das Ergebnis der Identifikation der Kirche mit Christus. Das kann oft fremdartige Wirkungen hervorrufen.

Vor einigen Jahren waren zwei befreundete Golfspieler eingeladen, mit Gerald Ford, als dieser Präsident der Vereinigten Staaten war, und Billy Graham zusammen zu spielen. Nach der Golfrunde rannte einer der beiden Freunde erregt weg. Von seinem Kameraden nach dem Grund befragt, entgegnete er wütend und fluchend: „Ich brauche keinen Billy Graham, der mir die Bibel über den Kopf haut!"

Sein Freund antwortete nichts. Erst nachdem der Zorn seines Mitspielers verraucht war, fragte er: „Hat Billy dir ein wenig hart zugesetzt da draußen?" Nun gab der verärgerte Golfer zu: „Nein, er hat kein Wort von Religion gesagt. Ich hatte nur vorhin meine schlechten fünf Minuten."

Erstaunlich! Billy Graham hatte kein Wort von Gott, Jesus oder dem Glauben gesagt. Wie konnte der Golfspieler ihn beschuldigen, ihm die Bibel auf den Kopf schlagen zu wollen? Das ist nicht schwer zu verstehen. Billy Graham wird im Denken der Leute so mit Gott und dem Glauben verbunden, daß seine bloße Gegenwart genügt, um einen bösen Menschen in die Flucht zu schlagen, auch wenn keiner ihn angreift.

Die Reaktion des Golfspielers auf Billy Graham ähnelt der Reaktion des Petrus in der Gegenwart Jesu. „Herr, gehe hinaus von mir, denn ich bin ein sündiger Mensch." Beide erlebten das Trauma der Gegenwart des Heiligen. Heiligkeit fordert Haß heraus. Je größer die Heiligkeit, um so größer die menschliche Feindseligkeit, die dagegen aufsteht. Es scheint irrsinnig zu sein. Kein Mensch, der je über diese Erde ging, hat mehr geliebt als Jesus. Trotzdem hat seine Liebe Menschen zum Zorn gereizt. Seine Liebe war eine perfekte, eine übernatürliche, eine heilige Liebe; aber genau diese Liebe erschüttert und verletzt die Menschen. Diese Liebe ist so erhaben, daß wir sie nicht aushalten können.

Die Welt kann Jesus tolerieren. Sie kann ihn lieben, aber nur aus der Ferne. Christus ist gefahrlos für uns, wenn wir ihn durch Raum und Zeit von uns getrennt wähnen. Aber ein sichtbar gegenwärtiger Christus könnte in unserer feindseligen Welt nicht überleben, genausowenig wie vor zweitausend Jahren.

*Laß Gott Gott sein.*

Martin Luther

# Der „Irrsinn" Luthers

Der Gedanke an die Heiligkeit Gottes kann uns beunruhigen und verwirren. Martin Luther war ein solcher Mensch, der durch die gewonnene Erkenntnis über den Charakter Gottes in hohem Maße beunruhigt war. Luthers ungewöhnliche Persönlichkeit war ganz sicher zum Teil durch das Studium der göttlichen Charaktereigenschaften geformt worden. Wurde seine eigene Persönlichkeit dadurch erweitert oder verformt? Wurde sein Geist gereinigt, oder wurde er wahnsinnig durch die Begegnung mit Gott?

„Gott lieben? Manchmal hasse ich ihn!" Das sind befremdende Worte von den Lippen Luthers, der wegen seines religiösen Eifers so geachtet war. Aber es sind seine Worte. Er war bekannt für seine frevelhaften Äußerungen. „Manchmal scheint mir Christus nichts weiter als ein zorniger Richter zu sein, der mit einem Schwert in der Hand zu mir kommt." Und: „Zum Henker mit Moses!"

War der Mann wahnsinnig? Ehe wir versuchen, diese Frage zu beantworten, wollen wir einige wichtige Grundsätze und Begebenheiten aus Luthers Leben betrachten, die zu der Vermutung geführt haben, er könne wahnsinnig gewesen sein.

Den ersten Schlüssel zu Luthers Wesen finden wir in seinen Zornausbrüchen und seiner unbeherrschten Redeweise. Er nannte seine Kritiker mit Vorliebe „Hunde". „Die Hunde beginnen zu bellen", pflegte er zu sagen, wenn ihm die Reaktionen seiner Kritiker zu Ohren kamen. Seine Sprache war manchmal grob, mit vulgärer Ausdrucksweise durchsetzt.

Beachten wir ein Beispiel aus Luthers Antwort auf die Diatribe des Erasmus:

> *. . . daß es mir auch ganz überflüssig schien, auf deine nichtigen Gründe zu antworten. Denn sie sind auch von mir so oft widerlegt, aber ganz und gar über den Haufen geworfen und vernichtet durch das unüberwindliche Büchlein des Philipp Melanchthon, Loci Communes, welches nach meinem Urtheil werth ist, nicht allein, daß es ewig bleibe, sondern auch, daß es in der Kirche als Richtschnur gelte. Als*

*ich hiermit dein Büchlein verglich, ist mir dieses so verächtlich und gering geworden, daß ich ein großes Mitleiden mit dir trug, weil du deine sehr schöne und geschickte Art zu reden mit solchem Schmutze besudeltest, und ich unwillig wurde über die Sache, die ganz unwürdig ist, in so köstlichem Redeschmuck vorgetragen zu werden, gleichsam als wenn Unrath oder Mist in goldenen oder silbernen Gefäßen getragen würde (Walch II, Luthers Sämtliche Schriften, Bd. XVIII, S. 1671-1672).*

Luthers heftiges Wesen trat besonders während eines wichtigen Treffens in Marburg zutage. Dort waren Führer der neuen protestantischen Bewegung zusammengekommen, um Unstimmigkeiten bezüglich des Herrenmahles auszuräumen. Mitten im Dialog begann Luther mit seinen Fäusten auf den Tisch zu schlagen und zu rufen: „Das *ist* mein Leib, das *ist* mein Leib!"

Luther trat zweifellos manchmal sehr heftig auf. Die Beleidigung seiner Mitmenschen, die er Hunde nannte, wirkte oft trennend. Aber diese Tatsache, obwohl sie Anlaß zu Zweifeln an seinem Anstand geben, können kaum als Beweis des Wahnsinnes gewertet werden.

Schwerwiegender als Luthers Redeweise sind dagegen andere Begebenheiten aus seinem Leben. Sein Verhalten war durchweg exzentrisch. Er litt an einer ganzen Reihe krankhafter Ängste. Eine bekannte Geschichte berichtet, daß Luther in einem heftigen Gewitter unterwegs war. Ein Blitz schlug so dicht neben ihm ein, daß er von dem Luftdruck zu Boden geschleudert wurde. Der Kirchengeschichtler und Biograph Luthers, Roland Bainton, berichtet die Begebenheit:

„An einem schwülen Julitag des Jahres 1505 strebte ein einsamer Wanderer auf einer staubigen Landstraße dem Dorfe Stotternheim in Sachsen zu. Es war ein junger Mann, kurz und gedrungen, in studentischer Kleidung. Als er dem Ort näher kam, bedeckte sich der Himmel. Es fing an zu regnen, und ein heftiger Sturm setzte ein. Ein Blitz zerriß die Düsternis und warf den jungen Mann zu Boden. Sich mühsam aufrichtend, rief er in Angst und Schrecken: ‚Heilige Anna, errette mich! Ich will Mönch werden!'

Der Mann, der auf diese Weise die Heiligen anrief, sollte später diesen Kult aufs schärfste ablehnen. Der hier geschworen hatte, Mönch zu werden, war derjenige, der später die mittelalterliche Struktur des Katholizismus erschütterte. Ein ergebener Diener des Papstes, identifizierte er später die Päpste mit dem Antichrist. Denn dieser junge Mann war Luther."

Kurz nach diesem Erlebnis löste Luther seinen Eid ein. Er quittierte sein Jurastudium und ging ins Kloster, sehr zum Leidwesen seines Vaters, Hans Luther.

Die Furcht vor einem schlimmen Tod als Ausdruck der göttlichen Strafe verfolgte ihn. Sein ganzes Leben hindurch litt er an Magenstörungen, Nierensteinen und schmerzvollen, schleichenden Krankheiten. Mehr als einmal wähnte er sich kurz vor seinem Ende. Der Blitzschlag hatte eine Narbe in sein Gedächtnis gebrannt, die er nie vergaß.

Luthers chronische Magenbeschwerden kann man durchaus in Verbindung mit einem psychosomatischen Problem sehen. Seine neurotischen Ängste schienen sich alle direkt auf seinen Magen zu schlagen und seine Verdauung lahmzulegen. Seine Blähsucht ist sprichwörtlich geworden, zum Teil, weil er selbst das Problem übertrieben darstellte. Seine Schriften sind durchsetzt mit Bemerkungen über sein ständiges Rülpsen und abgehende Winde. Er sagte: „Wenn ich in Wittenberg furze, hören sie es in Leipzig."

Luther fand für seine Blähungen einen gewissermaßen heiligen Gebrauch. Er erklärte seinen Studenten, das Ablassen der Winde sei die effektivste Methode, die Angriffe des Teufels abzuwehren. An anderer Stelle sprach er von dem Widerstand gegen den Teufel, indem man ein Tintenfaß nach ihm werfe. Luther beschreibt seinen Kampf mit Satan als eine Belagerung durch den Fürsten der Finsternis. Er war davon überzeugt, dessen persönliche Zielscheibe zu sein.

Die Satansgeschichten sind für die Psychotherapeuten ein gefundenes Fressen. Sie sehen in diesen Berichten zwei Hinweise für geistige Verwirrung. Einmal, so sagen sie, habe Luther unter Halluzinationen gelitten, und zum anderen an dem Wahn seiner eigenen Wichtigkeit als Zielscheibe des Fürsten der Finsternis.

Kirchengeschichtlich gesehen sollte es uns nicht verwundern, wenn im 16. Jahrhundert Satans Energie besonders auf Martin Luther gerichtet gewesen wäre.

Eine andere Begebenheit aus Luthers Leben hat ebenfalls das Denken der Psychotherapeuten beschäftigt. Das war die Feier seiner ersten Messe. Luther hatte sich zu diesem Zeitpunkt schon als angehender Theologe hervorgetan und hatte nicht den Ruf, besonders scheu zu sein. Seine Zukunft als dramatischer Prediger und meisterhafter Redner war seinen Zeitgenossen jedoch noch unbekannt. Luthers erste Messe, die seiner Ordination folgte, war sein erstes klerikales Auftreten in der Öffentlichkeit. Der alte Hans Luther hatte sich innerlich fast damit abgefunden, daß sein Sohn eine lukrative Karriere als Anwalt gegen das Leben im Kloster eingetauscht hatte. Und er fühlte doch etwas Stolz für seinen Sohn, den Priester. Die angesetzte Feier betrachtete man als Ehre für die Familie, und die Verwandten waren versammelt, um Luthers Zelebrieren beizuwohnen.

Niemand unter den Zuhörern hatte erwartet, was dann geschah. Luther begann die Zeremonie in guter Haltung, priesterliche Zuversicht und Sicherheit ausstrahlend. Als er jedoch zu dem Weihegebet kam - dem Augenblick in der Messe, als er, kraft seiner priesterlichen Autorität, zum erstenmal die göttliche Kraft beschwören sollte, das große Wunder der Verwandlung von Brot und Wein in den wirklichen Körper und das wirkliche Blut Christi zu vollbringen - als dieser Moment kam, versagte Luther.

Er stand wie zu Stein geworden vor dem Altar. Er schien erstarrt zu sein. Seine Augen waren glasig, Schweißperlen erschienen auf seiner Stirn. Eine nervöse Stille breitete sich unter den Versammelten aus, die stillschweigend den jungen Priester drängten, fortzufahren in der Handlung. Hans Luther wurde es ungemütlich, eine Welle elterlicher Verlegenheit überfiel ihn. Seines Sohnes Unterlippe begann zu zittern. Er versuchte, die Worte der Messe zu Ende zu lesen, aber es kam kein Laut über seine Lippen. Er wurde völlig kraftlos und hinkte zu der Bank, auf der seine Familie Platz genommen hatte. Er hatte versagt. Er hatte die Messe ruiniert und Schande auf seinen Vater, seine Familie und sich selbst gebracht. Hans Luther war wütend. Er hatte gerade dem Kloster ein großzügiges Geschenk gemacht und fühlte sich nun sehr gedemütigt an der Stelle, an der er die Ehre seines Sohnes erleben wollte. Er versetzte Martin einen Hieb und stellte dessen Befähigung zum Priester in Frage. Martin verteidigte seine Berufung mit dem Hinweis auf sein Erlebnis in dem Gewitter, das er als deutlichen Ruf Gottes verstanden hatte. Hans erwiderte: „Gebe Gott, daß es keine Erscheinung des Teufels war!"

Was war vor dem Altar geschehen? Luther erklärte selbst die Lähmung, die ihn befallen hatte, als er die Worte aussprechen wollte: „Wir opfern dir, dem lebendigen, wahrhaftigen, dem ewigen Gott." Er sagte dazu:

„Bei diesen Gedanken war ich gänzlich benommen und mit Schrecken erfüllt. Ich dachte bei mir selber: Mit welcher Zunge will ich solche Majestät anreden, wo ich doch weiß, daß alle Menschen selbst in der Gegenwart von irdischen Majestäten zittern? Wer bin ich, daß ich meine Augen oder meine Hände zu der göttlichen Majestät aufheben könnte? Engel umgeben ihn. Wenn er nickt, erzittert die Erde. Und kann ich, ein erbärmlicher, kleiner Zwerg sagen: Ich möchte das, und ich bitte um jenes? Denn ich bin Staub und Asche und voller Sünde und soll mit dem lebendigen, wahren und ewigen Gott reden."

Aber diese Episoden sind unbedeutende Betrachtungen in bezug auf Luthers Verstand. Wir müssen uns einen der dramatischsten Augenblicke in Luthers Leben ansehen, dramatisch für die ganze Christenheit. Die höchste Prüfung in Luthers Leben, die Gelegenheit zur größten Probe kam während des Reichstages zu Worms im Jahre 1521. Vor den Fürsten von Kirche und Staat, in der Gegenwart des Kaisers Karl V. hatte sich der Sohn eines Grubenarbeiters aus den sächsischen Kohlengruben wegen Häresie zu verantworten.

Die Ereignisse hatten sich überstürzt und waren außer Kontrolle geraten, seit der Theologieprofessor die 95 Thesen an die Schloßkirche in Wittenberg geschlagen hatte. Das waren Punkte, die er für eine theologische Debatte bekanntgegeben hatte. Es war nicht seine Absicht gewesen, damit einen nationalen oder internationalen Brand zu zünden. Einige Leute, möglicherweise Studenten, hatten sich die Thesen beschafft, und mit Hilfe der wunderbaren neuen Erfindung Gutenbergs waren sie in wenigen Wochen über das ganze Land verbreitet und zum allgemeinen Gesprächsstoff geworden. Bainton entlehnt einige Sätze bei Karl Barth, um zu erklären, was geschehen war:

„Luther war wie ein Mann, der im Finsteren die steile Wendeltreppe einer alten Kathedrale erklimmt. In der Dunkelheit streckt er seine Hände aus, um einen Halt zu finden, erreicht ein Seil und erschrickt beim Klang einer Glocke."

Ein Wirbel von Kontroversen folgte. Die Thesen wurden Papst Leo in Rom unterbreitet. Es besteht eine Legende, nach der Papst Leo gesagt haben soll: „Luther ist ein betrunkener Deutscher. Er wird anders denken, wenn er nüchtern geworden ist."

Der Streit ging weiter zwischen Mönchen und Theologen. Luther engagierte sich in Debatten und Besprechungen, von denen die schwerwiegendsten in Augsburg und Leipzig stattfanden. Schließlich wurde Luther öffentlich durch eine Papstbulle gerügt. Dem Titel *Exsurge Domine* liegen die einleitenden Worte dieser Schrift zugrunde: „Stehe auf, O Herr, und richte die Angelegenheit. Ein wilder Eber ist in deinen Weinberg eingebrochen!"

Nach Veröffentlichung der Bulle wurden Luthers Bücher in Rom verbrannt. Luther bat um eine Anhörung vor dem Kaiser. Schließlich trat der Reichstag in Worms zusammen, und Luther wurde ein freies Geleit zugesprochen, um dort erscheinen zu können.

Was in Worms geschah, ist der Stoff, aus dem im allgemeinen Legenden entstehen. Und in der Tat entstanden auch hier Legenden aus den Begebenheiten. Hollywood gab der Szene seinen Hauch von Glamour. Das Bild Luthers in Worms ist das eines tapferen Helden, der einer gottlosen, verruchten Autoritätsstruktur trotzt. Luther wurde gefragt, ob er bereit sei, seine Schriften zu widerrufen. Wir denken uns Luther in aufrechter, furchtloser Haltung vor all den Amtspersonen stehend, mit erhobener Faust die Worte ausrufend: „Hier stehe ich. Ich kann nicht anders!" Dann sehen wir ihn, sich auf dem Absatz umdrehen, hoch erhobenen Hauptes den Saal verlassen, sein weißes Pferd besteigen und in den

Sonnenuntergang hinausreiten zum Beginn der protestantischen Reformation. Aber das ist nicht der wirkliche Hergang.

Die erste Sitzung fand am 17. April statt. Knisternde Spannung breitete sich vor der zu erwartenden Kraftprobe aus. Luther hatte vor seiner Ankunft kühne Worte gesprochen:

„Dies soll mein Widerruf in Worms sein: Früher habe ich gesagt, der Papst sei der Stellvertreter Christi auf Erden. Ich widerrufe! Jetzt sage ich: Der Papst ist der Widersacher Christi und Apostel des Teufels." Nun wollte die Menge weitere mutige Feststellungen hören. Mit angehaltenem Atem wartete man auf das Toben des wilden Ebers.

Bei der Eröffnung des Reichstages stand Luther im Zentrum der großen Halle. Neben ihm auf einem Tisch befanden sich seine strittigen Bücher. Eine der Amtspersonen fragte ihn, ob das seine Bücher seien. Luther antwortete in kaum vernehmbarem Flüsterton: „Es sind alles meine Bücher, und ich habe noch weitere geschrieben." Dann kam die entscheidende Frage nach der Bereitschaft der öffentlichen Widerrufung seiner Aussagen. Die versammelten Menschen warteten auf Luthers Erwiderung. Und wieder war seine Antwort kaum zu hören: „Ich bitte, mir eine Bedenkzeit zu gewähren!" Bei seiner ersten Messe war Luther schwach geworden, und auch hier in Worms zögerte er. Seine Sicherheit verließ ihn, und der wilde Eber glich plötzlich einem winselnden Frischling. Der Kaiser war schokkiert und fragte sich, ob die Bitte um Bedenkzeit nur ein taktischer Vorwand sei. Trotzdem ließ er Nachsicht walten und gewährte einen Aufschub bis zum nächsten Tag. Somit konnte Luther seinen Standpunkt nochmals 24 Stunden überdenken.

In dieser Nacht, in der Einsamkeit seines Zimmers, schrieb Luther eines der bewegendsten Gebete, das je aufgeschrieben wurde. Sein Gebet enthüllt die Seele eines demütigen Menschen, der vor seinem Gott liegt und verzweifelt um Mut ringt, um den ihm feindlich gesinnten Menschen zu widerstehen. Für Luther war es ein privates Gethsemane.

> *Allmächtiger, ewiger Gott! Wie ist es nur ein Ding um die Welt! Wie sperret sie den Leuten die Mäuler auf! Wie klein und gering ist das Vertrauen der Menschen auf Gott! Wie ist das Fleisch so zart und schwach, und der Teufel so gewaltig und geschäftig durch seine Apostel und Weltweisen! Wie zieht die Welt so bald die Hand ab und schnurrt dahin, läuft die gemeine Bahn und den weiten Weg zur Hölle zu, da die Gottlosen hingehören; und siehet nur allein bloß an, was prächtig und gewaltig, groß und mächtig ist und ein Ansehen hat. Wenn ich auch meine Augen dahin wenden soll, so ist's mit mir aus, die Glocke ist schon gegossen und das Urtheil gefällt. Ach Gott! ach Gott! o du mein Gott! Du, mein Gott, stehe du mir bei wider aller Welt Vernunft und*

*Weisheit. Thue du es; du mußt es thun, du allein. Ist es doch nicht meine, sondern deine Sache. Hab ich doch für meine Person allhier nichts zu schaffen und mit diesen großen Herren der Welt zu thun. Wollte ich doch auch wohl gute, geruhige Tage haben und unverworren sein. Aber dein ist die Sache, Herr, die gerecht und ewig ist. Stehe mir bei, du treuer, ewiger Gott! Ich verlasse mich auf keinen Menschen. Es ist umsonst und vergebens, es hinkt alles, was fleischlich ist und nach Fleisch schmeckt. O Gott, o Gott! hörest du nicht, mein Gott! Bist du todt! Nein, du kannst nicht sterben, du verbirgst dich allein. Hast du mich dazu erwählet! Ich frage dich; wie ich es denn gewiß weiß; ei, so walt' es Gott! . . . Ei, Gott, so stehe mir bei in dem Namen deines lieben Sohnes Jesu Christi, der mein Schutz und Schirm sein soll, ja, meine feste Burg, durch Kraft und Stärkung deines Heiligen Geistes. Herr, wo bleibest du! Du, mein Gott, wo bist du? Komm, komm, ich bin bereit, auch mein Leben darum zu lassen, geduldig wie ein Lämmlein. Denn gerecht ist die Sache und dein; so will ich mich von dir nicht absondern ewiglich. Das sei beschlossen in deinem Namen. Die Welt muß mich über mein Gewissen wohl ungezwungen lassen; und wenn sie noch voller Teufel wäre, und sollte mein Leib, der doch zuvor deiner Hände Werk und Geschöpf ist, darüber zu Grund und Boden, ja, zu Trümmern gehen; dafür aber dein Wort und Geist mir gut ist. Und ist auch nur um den Leib zu thun; die Seele ist dein und gehört dir zu und bleibt auch bei dir ewig, Amen. Gott helfe mir, Amen (Walch, Bd. X, 1421).*

Spät am nächsten Nachmittag kehrte Luther in die große Halle zurück. Jetzt war kein Zittern mehr in seiner Stimme. Er versuchte, die Frage vom Vortag mit einer Rede zu beantworten. Schließlich verlangte der Inquisitor eine direkte Erwiderung:

„Ich frage dich, Martin – antworte offen und ehrlich, ohne Hörner und Spitzen –: Willst du deine Bücher verwerfen, deine Irrlehren widerrufen, oder wirst du nicht widerrufen?"

Luther entgegnete:

*„Weil denn Eure kaiserliche Majestät, Kurfürstliche und Fürstliche Gnaden eine schlechte, einfältige, richtige Antwort begehren, so will ich die geben, so weder Hörner oder Zähne haben soll, nämlich also: Es sei denn, daß ich mit Zeugnissen der Heiligen Schrift oder mit öffentlichen klaren und hellen Gründen und Ursachen überwunden und überweiset werde (denn ich glaube weder dem Papst, noch den Concilien alleine nicht, weil es am Tage und offenbar ist, daß sie oft geirrt haben, und ihnen selbst widerwärtig gewest seien), und ich also mit den Sprüchen, die von mir angezogen und eingeführt sind, überzeugt, und mein Gewissen in Gottes Wort gefangen ist, so kann und will ich*

*nichts widerrufen, weil weder sicher noch gerathen ist, etwas wider das Gewissen zu thun. Hier stehe ich, ich kann nicht anders. Gott helfe mir, Amen (Walch, Bd. XV. 1926).*

Sind das Worte eines Verrückten? Vielleicht! Es erhebt sich die Frage: Wie kann ein einzelner Mensch gegen Papst und Kaiser, gegen Konzile und Glaubensbekenntnisse, gegen die gesamte organisierte Autorität der Christenheit stehen? Wieviel Anmaßung muß vorhanden sein, um die besten Gelehrten und die höchsten Würdenträger der Kirche Lügen zu strafen, um sein eigenes Denken und seine eigene Bibelauslegung einer ganzen Welt entgegenzustellen? Ist das Ichsucht, Geltungsbedürfnis? Ist es Größenwahn? Sind das die Spielarten eines eigensinnigen Theologen oder die Verwirrungen eines Geisteskranken? Was immer die Ansicht sein mag, diese einsame Stellungnahme zugunsten der Bibel trennte mit einem Schlag die Christenheit.

So wichtig wie diese Begebenheit für die Kirche und für Luthers eigenes Leben war, so ist es doch nicht der Hauptgrund für spätere Gelehrte, Luther als Irrsinnigen hinzustellen. Diese Meinung hat vor allem mit Luthers Verhalten im Kloster zu tun.

Als Mönch hatte sich Luther einer rigorosen Strenge verschrieben. Er wollte der perfekte Mönch sein. Er fastete tagelang und frönte strengen Formen der Selbstkasteiung. Was die Selbstverleugnung betrifft, so ging er darin noch über die Klosterregeln hinaus. Seine Gebetswachen waren länger als die aller anderen Mönche. Er wies die zugeteilten Decken zurück und erfror fast. Er kasteite seinen Körper so ernsthaft, daß er später zugab, in der Mönchszelle seinem Verdauungssystem bleibenden Schaden zugefügt zu haben. Über diese Erfahrung schrieb er:

„Ich war ein guter Mönch, und ich hielt die Regeln meines Ordens so strikt, daß ich sagen kann, wenn je ein Mönch sich den Himmel verdienen könnte durch sein Mönchtum, dann wäre ich derjenige. Alle meine Brüder im Kloster, die mich kannten, würden mir das bestätigen. Hätte ich noch länger so gelebt, so hätte ich mich mit Nachtwachen, Gebeten, Lesen und anderen Werken selbst umgebracht."

Die seltsamste Eigenart Luthers war seine tägliche Beichte. Zu den Vorschriften, welche die Mönche zu beachten hatten, gehörte die Beichte – aber nicht an jedem Tag. Die Vorschrift verlangte das Bekennen jeder einzelnen Sünde. Luther erlebte keinen Tag ohne Sünde, also fand er es auch notwendig, jeden Tag seine Sünden zu bekennen und Absolution zu erlangen.

Die Beichte gehörte zum alltäglichen Klosterleben, sie war ein regulärer Teil desselben. Die Mönche, die sich untereinander „Bruder" nannten, kamen regelmäßig zu ihren Beichtvätern und bekannten ihre Sünden, indem sie etwa sagten: „Vater, ich habe gesündigt; letzte Nacht bin ich über die vorschriftsmäßige Zeit hinaus aufgeblieben und habe bei Kerzenlicht die Bibel gelesen." Oder: „Gestern beim Mittagessen habe ich den Bruder Philipp um seinen Kartoffelsalat beneidet." (In wieviele Nöte kann doch ein Mönch im Kloster geraten.) Der Beichtvater hörte das Bekenntnis an, erteilte die priesterliche Absolution und verhängte eine kleine Buße, die der betreffende Bruder zu leisten hatte. Damit war dann die Sache erledigt.

Nicht so bei dem Bruder Martinus. Er trieb seinen Beichtvater fast zum Wahnsinn. Luther war nicht zufrieden mit einer kurzen Aufzählung seiner Sünden. Er wollte sicher sein, daß keine Sünde seines Lebens unerwähnt blieb. Er verharrte täglich stundenlang im Beichtstuhl. In einem Fall brauchte er sechs Stunden, um die Sünden vom Vortag zu beichten.

Die Vorsteher des Klosters begannen, sich über Luther zu verwundern. Sie dachten, daß er vielleicht ein Drückeberger sei, der die Stunden des Tages lieber im Beichtstuhl zubringe, als seine sonstigen Aufgaben zu erledigen. Es entstand die Befürchtung, er könne möglicherweise geistig unausgeglichen sein und zu ernsten Psychosen neigen. Sein Mentor, Staupitz, wurde schließlich ärgerlich über ihn und schimpfte ihn aus:

„Schau her, Martin; wenn du erwartest, daß Christus dir vergeben soll, dann bringe etwas vor, was der Vergebung wert ist - Muttermörder, Gotteslästerung, Ehebruch - statt all dieser läßlichen Vergehen. Mann, Gott ist nicht ärgerlich über dich. Du ärgerst dich über Gott. Weißt du nicht, daß Gott dir geboten hat, zu hoffen?"

Hier ist es! Hier ist der Aspekt Luthers, der vor allem anderen die Meinung von seinem Irrsinn aufkommen ließ. Der Mann war ganz und gar abnormal. Sein Schuldkomplex war stärker als der irgendeines anderen Menschen. Er war so krankhaft in seinen Schuldgefühlen, so beunruhigt und gestört in seinen Gefühlen, daß er kein normales menschliches Dasein mehr führen konnte. Er konnte nicht einmal als normaler Mönch fungieren. Er war immer noch auf der Flucht vor dem Blitz.

Bainton faßt seinen Zustand folgendermaßen zusammen:

„Folgerichtig muß man sagen, daß er von schrecklicher Furcht besessen war. Sein Gewissen war so beunruhigt, daß er beim Rascheln eines Blattes im Wind erschrak. Alpträume umklammerten seine Seele: Das Entsetzen eines im Dämmerlicht Erwachenden, der in die Augen dessen sieht, der gekommen ist, ihm das Leben zu nehmen. Die himmlischen Kämpfer haben ihn alle verlassen; der Dämon umwirbt mit lüsterner Aufforderung die unfähige Seele. Solcherart waren die Qualen, die Luther oft durchlitt. Sie waren viel schlimmer als irgendeine Krankheit, die ihn je befallen hatte. Die Beschreibung stimmt so sehr mit einer bekannten Art von geistiger Krankheit überein, daß man sich wieder fragt, ob seine Ängste von religiösen Schwierigkeiten oder von gastrischen Störungen und mangelnder Drüsenfunktion herrühren."

Was ist nun wirklich der Grund für Luthers Verhalten? Eines ist sicher: Was immer Menschen im allgemeinen als Verteidigungsmechanismus besitzen, um ihr Gewissen zu beruhigen, Luther hatte es nicht.

Manche Theorien besagen, ein Wahnsinniger könne die Realitäten besser erkennen als normale Menschen. Denken wir nur an das Beispiel des von Ängsten heimgesuchten Mannes, der zum Psychiater ging und diesem klagte, er habe so viel Angst, daß er nicht einmal zu einem Picknick gehen könne. Bei der Befragung durch den Psychiater kam dann heraus, vor was alles sich der Mann fürchtete: Er könnte auf dem Weg zum Picknickplatz in einen Autounfall verwickelt werden. Er könnte von einem Schwarm Wespen überfallen werden. Er könnte während eines Gewitters vom Blitz erschlagen werden. Ein Baum könnte auf ihn fallen, oder er könnte an einer Wurst ersticken.

Alle diese Ängste stellen wirkliche Möglichkeiten dar. Das Leben ist eine gefährliche Angelegenheit. Nirgendwo sind wir vor lebensbedrohenden Situationen sicher. Howard Hughes konnte mit all seinen Millionen kein Fleckchen Erde finden, an dem er vor Krankheitsbazillen geschützt war. Kein Psychiater kann beweisen, daß ein Picknick ein völlig sicheres Unternehmen ist. Die Vorstellungen des Mannes von all den Unfällen, die ihm zustoßen könnten, entsprechen durchaus der Wirklichkeit. Aber er ist trotzdem unnormal, weil er die Abwehrkräfte verloren hat, die wir normalerweise besitzen, um all die Gefahren ignorieren zu können, die uns auf Schritt und Tritt umgeben.

Ein Aspekt in Luthers Vergangenheit und Persönlichkeit wird von den Psychoanalytikern oft übersehen. Sie denken nicht daran, daß Luther, schon ehe er ins Kloster ging, sich als einer der klügsten jungen Männer auf dem Gebiet der Rechtswissenschaften hervorgetan hatte. Luther war brillant. Sein Gehirn funktionierte völlig normal. Sein Verständnis von kniffligen und schwierigen Gesetzesfragen war außerordentlich. Manche Leute sahen in ihm einen Genius.

Oft ist schon gesagt worden, daß die Trennlinie zwischen Genialität und Irrsinn nur sehr dünn sei und daß manche Menschen hinüber- und herüberwechseln. War das vielleicht Luthers Problem?

Um es ganz klar zu sagen: Luther war nicht irrsinnig; er war ein Genie. Er besaß ein außerordentliches Verständnis des alttestamentlichen Gesetzes. Als er anfing, dieses Gesetz zu betrachten, erkannte er mit seinem scharfsinnigen Verstand Zusammenhänge, die die meisten Sterblichen nicht sehen.

Luther untersuchte das *größte* Gebot. „Du sollst den Herrn, deinen

Gott, lieben von ganzem Herzen, von ganzer Seele, von allen Kräften und von ganzem Gemüt, und deinen nächsten wie dich selbst" (Lukas 10,27). Dann fragte er sich, was wohl die größte Sünde sei, die nicht vergeben wird. Die Menschen haben diesbezüglich verschiedene Ansichten. Luther kam zu dem Schluß, wenn das größte Gebot darin besteht, Gott von ganzem Herzen zu lieben, die größte Sünde nur die sein kann, in dieser Liebe zu versagen. Er sah eine Balance zwischen dem größten Gebot und der größten Sünde.

Die meisten Menschen denken nicht so. Niemand unter uns hält das *größte* Gebot nicht einmal für fünf Minuten. Wir mögen oberflächlich denken, wir würden das tun. Aber wenn wir einmal wahrhaft darüber nachsinnen, wird uns klar, daß wir Gott nicht wirklich von ganzem Herzen, mit ganzer Seele und mit all unserer Kraft lieben. Niemand liebt seinen Nachbarn wie sich selbst. Wir mögen alles tun, was in unserer Kraft steht, aber da ist immer diese leise bohrende Stimme in unserem Inneren, die uns der Übertretung des *größten* Gebotes an jedem einzelnen Mitmenschen beschuldigt. So wie Jesaja wissen auch wir, daß kein Mensch dieses Gebot hält. Und hier liegt unser Trost, daß niemand vollkommen ist. Keiner von uns erreicht die perfekte Liebe zu Gott. Warum sollen wir uns also sorgen? Das treibt keinen normalen Menschen zu einer täglichen sechsstündigen Beichte. Wenn Gott jeden Menschen bestrafen wollte, der das *größte* Gebot nicht hält, müßte er alle Menschen aller Zeiten bestrafen. Diese Prüfung ist zu gewaltig. Gott muß einen anderen Maßstab an uns anlegen.

Luther sah die Dinge anders. Er erkannte, daß Gott seine eigene Heiligkeit verletzen müßte, wenn er die Menschen im Verhältnis zu ihren eigenen Fähigkeiten beurteilen würde. Dies von Gott zu erwarten, wäre höchste Arroganz und höchste Torheit zugleich. Gott schraubt seinen Standard nicht niedriger, um sich uns anzupassen. Er bleibt absolut heilig und absolut gerecht. Aber wir sind nicht gerecht, und das ist unser Dilemma. Luthers geschulter Rechtssinn blieb an der Frage hängen: Wie kann ein ungerechter, sündiger Mensch in der Gegenwart Gottes überleben? Was die wenigsten Menschen kümmert, trieb Luther in einen Kampf auf Leben und Tod:

„Weißt du nicht, daß Gott in einem unzugänglichen Licht wohnt? Wir schwachen, unwissenden Kreaturen wollen die unbegreifliche Majestät des unerforschlichen Lichtes der Wunder Gottes untersuchen und verstehen. Wir wollen ihm nahe kommen; wir bereiten uns darauf vor, uns ihm zu nähern. Kein Wunder, daß uns seine Majestät dann überwältigt und zerschmettert.« Luther war das genaue Gegenteil des reichen Jünglings, der Jesus über das ewige Leben befragte:

*Und es fragte ihn ein Oberster und sprach: Guter Meister, was muß ich tun, damit ich das ewige Leben ererbe? Jesus aber sprach zu ihm: Was nennst du mich gut? Niemand ist gut als Gott allein. Du kennst die Gebote: „Du sollst nicht ehebrechen; du sollst nicht töten; du sollst nicht stehlen; du sollst nicht falsch Zeugnis reden; du sollst deinen Vater und deine Mutter ehren!" (Lukas 18,18-20)*

Etwas wird bei dieser Begegnung des jungen Mannes mit Jesus oft übersehen, nämlich die Bedeutung der Begrüßungsworte. Der junge Mann nennt Jesus „Guter Meister". Jesus erkannte die Bedeutung der Worte sofort. Er merkte, daß der Mann nur ein oberflächliches Verständnis des Wortes „gut" hatte. Der Mann wollte mit Jesus über sein Seelenheil reden. Aber Jesus drehte in geschickter Weise die Unterhaltung um in eine Diskussion über den Begriff „gut". Er benutzte die Gelegenheit, um dem Mann eine unvergeßliche Lektion darüber zu erteilen.

Jesus richtete die Aufmerksamkeit auf des Mannes Gruß. „Warum nennst du mich gut?" Und der Frage ließ er gleich die Erklärung folgen: „Niemand ist gut, außer Gott allein." Über diese Aussage stolpern viele Leute, selbst Theologen. Manche verstehen hier, Jesus sage, er sei nicht gut und er sei nicht Gott.

Aber keineswegs verleugnete Jesus mit dieser Aussage seine Göttlichkeit, auch nicht seine Güte. Hätte der reiche junge Mann das richtige Verständnis gehabt, so wäre es durchaus passend gewesen, Jesus gut zu nennen; denn Jesus war gut. Er war das ins Fleisch gekommene Gute. Der junge Mann redete mit dem Mensch gewordenen Gott. Die Sache ist allerdings die, daß der Jüngling sich dessen nicht bewußt war. Er ehrte Jesus als großen Lehrer, und das war alles, was er in ihm sah. Er hatte keine Ahnung davon, daß er mit dem ins Fleisch gekommenen Gott redete, mit der Verkörperung des Guten schlechthin.

Der junge Mann kannte offenbar seine Bibel nicht. Er hatte die Bedeutung von Psalm 14 wohl nicht begriffen:

*Die Toren sprechen in ihrem Herzen: Es ist kein Gott. Sie taugen nichts; ihr Treiben ist ein Greuel; da ist keiner, der Gutes tut. Der Herr schaut vom Himmel auf die Menschenkinder, daß er sehe, ob jemand klug sei und nach Gott frage. Aber sie sind alle abgewichen und allesamt verdorben; da ist keiner, der Gutes tut, auch nicht* einer *(Psalm 14,1-3).*

Dieser Psalm wird im Römerbrief von Paulus zitiert. Seine Aussage ist unmißverständlich. Da ist keiner, der Gutes tut, auch nicht einer. Die Beteuerung „auch nicht einer" läßt keinerlei Mißverständnis zu. Von der Anklage ist nur der Sohn Gottes ausgenommen, der allein gut ist, denn er ist Gott.

Der menschliche Geist schreckt vor dieser universalen Anklage zurück.

Wir meinen, das wäre übertrieben. Wir kennen doch Menschen, die Gutes tun. Wir sehen oft Leute, die eine gute Tat vollbringen. Wir geben zu, daß niemand perfekt ist. Wir alle machen Fehler. Aber wir tun doch auch manches Gute. Oder etwa nicht? Nein! Das war genau das Denken des reichen jungen Mannes. Er maß das Gute mit falschem Maßstab. Er bewertete die guten Taten von außen.

Gott gebietet uns, Gutes zu tun. Er gebietet uns, den Armen zu helfen. Wir helfen den Armen. Ist das eine gute Tat? Ja und Nein. Es ist insofern eine gute Tat, weil wir ein Gebot Gottes erfüllen. In diesem Sinne tun wir öfter etwas Gutes. Aber Gott sieht auch das Herz an. Er kennt unsere innersten Motive. Eine gute Tat in den Augen Gottes muß aus einem Herzen kommen, das Gott mit vollkommener Liebe liebt und seinen Nächsten ebenso. Da es niemand unter uns gibt, der diese vollkommene Liebe zu Gott und den Menschen aufweisen kann, sind unsere guten Taten nur trübe Oberfläche. Sie tragen den Makel unserer inneren Unvollkommenheit. Die Logik der Bibel heißt: Da niemand ein reines Herz hat, kann niemand eine wirklich gute Tat tun.

Das Gesetz Gottes ist der Spiegel wahrer Gerechtigkeit. Wenn wir uns und unsere Taten in diesem Spiegel betrachten, erkennen wir unsere ganze Unvollkommenheit. Jesus hielt diesen Spiegel dem reichen jungen Mann vor: „Du kennst die Gebote: Du sollst nicht stehlen . . ." Es ist wichtig zu sehen, daß die Gebote, die Jesus hier für den jungen Mann aufzählt, alles Anweisungen sind, die mit der Verantwortung gegenüber dem Mitmenschen zu tun haben. Die ersten Gebote des Mosaischen Gesetzes, die ausschließlich von unserer Verpflichtung gegenüber Gott reden, kommen in der Aufzählung nicht vor.

Was antwortet der Mann? Er war nicht beunruhigt. Er sah ruhig in den Spiegel und entdeckte keine Unvollkommenheit. In einer Weise, die man nur als selbstzufrieden bezeichnen kann, erwiderte er: „Das habe ich alles gehalten von Jugend auf."

Stellen wir uns die Arroganz dieses Mannes vor. Oder war es Unwissenheit? Ich kann kaum die Geduld des Meisters verstehen, die er ihm zuwandte. Ich hätte sicher sofort meiner Empörung Ausdruck verliehen, indem ich etwa gesagt hätte: „Was, du willst seit deiner Kindheit diese Gebote gehalten haben? Du hast sie nicht einmal während der kurzen Zeit gehalten, in der wir miteinander reden. Hast du nicht die Bergpredigt gehört? Siehst du nicht, daß du schon die tiefere Bedeutung des Gebotes ‚Du sollst nicht töten' mißachtest, wenn du nur ungerechtfertigt mit deinem Nächsten zürnst? Weißt du nicht, daß du in deinem Herzen schon eine Ehebrecher bist, wenn du eine Frau nur begehrlich ansiehst? Hast du noch nie begehrt? Hast du immer deine Eltern geehrt? Entweder bist du blind oder verrückt. Im besten Fall ist dein Gehorsam an der Oberfläche geblieben, aber nicht von Herzen gekommen."

So hätte ich die Sache gehandhabt. Nicht so Jesus. Er war viel weiser, durchdringender und effektiver:

> *Als Jesus das hörte, sprach er zu ihm: Es fehlt dir noch eines. Verkaufe alles, was du hast, und gib's den Armen, so wirst du einen Schatz im Himmel haben, und komm und folge mir nach! (Lukas 18,22)*

Wenn Jesus jemals in ironischer Weise geredet hat, dann hier. Den Herrn Jesus beim Wort genommen, müßten wir sagen, daß diese Unterhaltung zwischen den zwei gerechtesten Männern der Menschheitsgeschichte stattgefunden hat: dem Lamm ohne Fehl und einem Lamm mit nur einem Fehler.

Wir wissen, daß der Meister natürlich etwas ganz anderes im Sinn hatte. Wir könnten da etwa folgenden Gedankengang konstruieren: So, du hast alle Gebote von Jugend auf gehalten! Wie heißt denn das erste Gebot? Du sollst keine anderen Götter neben mir haben. Nun ja, mal sehen, was er damit anfängt.

Und Jesus prüfte ihn. Wenn irgend etwas im Leben dieses jungen Mannes vor Gott kam, dann war es sein Geld. Und genau an dieser Stelle forderte Jesus ihn heraus, an seinem Gehorsam zum ersten Gebot: „Gehe, und verkaufe alles, was du hast . . ."

Was tat der Mann? Wie ging er mit seinem einzigen Fehler um? Er ging traurig hinweg, denn er hatte viele Güter. Der Mann wurde geprüft anhand der Zehn Gebote. Und schon bei der ersten Frage fiel er durch.

Der Sinn dieses Berichtes besteht nicht darin, per Gesetz festzulegen, daß ein Christ allen privaten Besitz veräußern soll. Vielmehr sollen wir verstehen lernen, was Gehorsam ist und was Gutsein bedeutet. Jesus entlarvte des Mannes Irrtum, und dieser klappte zusammen.

Als der Herr Jesus Jahrhunderte später einem anderen jungen Mann begegnete, brauchte er keine sorgfältig ausgearbeitete Lektion, um dem Mann seine Sünde verständlich zu machen. Er sagte nicht zu Luther: „Nur eines fehlt dir noch!" Luther wußte schon, daß er gar nichts aufzuweisen hatte. Er war ein Rechtsgelehrter, und er hatte das alttestamentliche Gesetz studiert. Er wußte um die Forderungen des reinen und heiligen Gottes. Und das führte ihn zur Verzweiflung.

Der Genius Luther rannte gegen ein zu Recht bestehendes Dilemma an, gegen ein Problem, das er nicht lösen konnte. Die Frage, die Tag und Nacht an ihm nagte, hieß: Wie kann ein gerechter Gott einen ungerechten Menschen annehmen? Er wußte, daß seine ewige Bestimmung von der Beantwortung dieser Frage abhing. Aber er konnte die Antwort nicht finden. Weniger scharf denkende Menschen gingen glücklich ihren Weg und genossen die Seligkeit ihrer Unwissenheit. Sie waren zufrieden mit dem Gedanken, Gott werde schon ein Auge zudrücken und sie trotz ihrer eigenen Vollkommenheit in den Himmel einlassen. Schließlich machen ja alle Menschen Fehler, und diesem Umstand müßte Gott schon Rechnung tragen. Was wäre schon der Himmel ohne sie? Gott würde ein paar moralische Entgleisungen schon nicht ernst nehmen.

Zwei Dinge trennten Luther von dem Rest der Menschen. Erstens wußte er, wer Gott ist. Zweitens verstand er die Forderungen des Gesetzes, das dieser Gott den Menschen gegeben hatte. Luther kannte das Gesetz genau. Und falls er nicht auch zum Verständnis des Evangeliums gelangte, würde er in schwerer Pein sterben.

Dann ereignete es sich: Luthers grundsätzliches Glaubenserlebnis. Es gab keinen Blitz und keinen Donner, keine fliegenden Tintenfässer. Es geschah in der Ruhe und Abgeschiedenheit seines Studierzimmers. Luthers sogenanntes Turmerlebnis änderte den Lauf der Weltgeschichte. Es war ein Erlebnis, das ein neues Verständnis von Gott einschloß, ein neues Verständnis der göttlichen Gerechtigkeit. Es war das Verstehen dessen, wie Gott barmherzig sein kann, ohne seine Gerechtigkeit zu verletzen. Es war ein neues Verständnis darüber, wie der heilige Gott seine heilige Liebe zum Ausdruck bringen kann:

> *Es war gewiß wunderbar, wie ich von einem hitzigen Eifer ergriffen gewesen war, Paulus im Briefe an die Römer kennenzulernen; aber im Wege war mir bis dahin nicht die Kälte meines Herzens gestanden, sondern ein allereinziges Wort im ersten Kapitel: ‚Die Gerechtigkeit Gottes wird im Evangelium offenbar.' Ich haßte die Wort ‚Gerechtigkeit Gottes'; denn durch den Brauch und die Übung aller Doktoren war ich gelehrt worden, es philosophisch zu verstehen, von der sogenannten ‚formalen' oder ‚aktiven' Gerechtigkeit, durch die Gott gerecht ist und die Sünder und Ungerechten straft.*
>
> *Ich aber konnte den gerechten, den Sünder strafenden Gott nicht lieben, haßte ihn vielmehr; denn obwohl ich als untadeliger Mönch lebte, fühlte ich mich vor Gott als Sünder und gar unruhig in meinem Gewissen und getraute mich nicht zu hoffen, daß ich durch meine Genugtuung versöhnt sei. Ich war voll Unmuts gegen Gott, wenn nicht in heimlicher Lästerung, so doch mit mächtigem Murren und sprach: Soll es denn nicht genug sein, daß die Elenden, durch die Erbsünde ewiglich verdammten Sünder mit allerlei Unheil bedrückt sind durch das Gesetz des Dekalogs? Muß denn Gott noch durch das Evangelium Leid an Leid fügen und uns auch durch das Evangelium mit seiner Gerechtigkeit und seinem Grimm bedrohen? So raste ich vor Wut in meinem verwirrten Gewissen, pochte aber dennoch ungestüm an die-*

*ser Stelle bei Paulus an, voll glühenden Durstes zu erfahren, was St. Paulus wolle.*

*Da erbarmte sich Gott meiner. Unablässig sann ich Tag und Nacht, bis ich auf den Zusammenhang der Worte merkte, nämlich: ‚Die Gerechtigkeit Gottes wird im Evangelium offenbar, wie geschrieben steht: Der Gerechte lebt seines Glaubens.' Da fing ich an, die Gerechtigkeit Gottes als eine solche Gerechtigkeit zu begreifen, durch die ‚der Gerechte als durch Gottes Geschenk lebt', d.h. also ‚aus Glauben' und merkte, daß dies so zu verstehen sei: ‚durch das Evangelium wird die Gerechtigkeit Gottes offenbar', nämlich die sogenannte ‚passive', d.h. die, durch die uns Gott aus Gnaden und Barmherzigkeit rechtfertigt durch den Glauben, wie geschrieben steht: ‚Der Gerechte lebt seines Glaubens.' Nun fühlte ich mich ganz und gar neugeboren: die Tore hatten sich mir aufgetan; ich war in das Paradies selber eingegangen. Da zeigte mir sogleich auch die ganze Heilige Schrift ein anderes Gesicht . . . Wie ich zuvor das Wort ‚Gerechtigkeit Gottes' mit allem Haß haßte, so erhob ich nun mit heißer Liebe das gleiche Wort als süß und lieblich über andere. So wurde mir diese Stelle bei Paulus eine rechte Pforte zum Paradies.*

*Wenn du wirklich glaubst, daß Christus dein Retter ist, dann hast du mit einemmal einen gnädigen Gott, denn der Glaube führt dich zu Gott und öffnet dir sein Herz, daß du die reine Gnade und überfließende Liebe sehen kannst. Das ist Gott im Glauben schauen und sein väterliches, freundliches Herz erkennen, in dem weder Zorn noch Unbarmherzigkeit zu finden ist. Wer Gott als zornig erkennt, sieht ihn nicht richtig, sondern schaut nur auf einen Vorhang, als ob eine dunkle Wolke über sein Gesicht ziehe." (Martin Luther, Ausgewählte Werke, Erster Band, 1938, München.*

Wie Jesaja vor ihm, fühlte Luther die brennende Kohle auf seinen Lippen. Er wußte, was es heißt zu vergehen. Er war erschlagen von dem Spiegel des heiligen Gottes. Später bekannte er, ehe er einen Vorgeschmack des Himmels habe erlangen können, mußte Gott ihn über den Abgrund der Hölle jagen. Gott ließ seinen Knecht nicht in den Abgrund hineinfallen. Er rettete sein Leben von dem Abgrund. Er erbrachte den Beweis dafür, daß er ein gerechter Gott und ein rechtfertigender Gott ist. Als Luther zum erstenmal das Evangelium erfaßte, sprangen die Türen zum Paradies weit auf, und er ging hinein.

„Der Gerechte wird seines Glaubens leben." Das war der Kampfruf der Protestantischen Reformation. Der Gedanke, daß die Gerechtigkeit allein durch den Glauben kommt, allein durch die Gnade Gottes, war Luther nun so zentral, daß er ihn als den „Glaubensartikel" bezeichnete, „mit dem die Kirche steht oder fällt". Und Luther wußte, daß es der Glaubensartikel ist, mit dem er selbst stand oder fiel.

Von dem Moment an, als Luther verstand, was Paulus im Römerbrief erklärte, war er ein anderer Mensch. Die Last seiner Schuld war hinweggenommen. Die entsetzlichen Qualen hatten ein Ende. Das bedeutete dem Mann so viel, daß er bereit war, gegen Papst, Konzil, Fürsten und Kaiser zu stehen und, falls nötig, gegen die ganze Welt. Er war durch die Tore des Paradieses gegangen, und er würde sich von keinem Menschen wieder herauszerren lassen. Luther war ein Protestant, der wußte, gegen was und wen er protestierte.

War Luther verrückt? Vielleicht! Wenn er es war, sollten wir Gott bitten, daß er eine Epedemie solcher Verrücktheit über die Erde schicken möge, damit wir alle die Gerechtigkeit schmecken können, die allein aus dem Glauben kommt.

*Gerechtigkeit*
*wird als die höchste aller Tugenden geachtet,*
*mehr bewundert*
*als Morgenstern und Abendstern . . .*

Aristoteles

# Heilige Gerechtigkeit

Martin Luther verstand, wie schwerwiegend das Problem für ungerechte Menschen ist, in der Gegenwart eines heiligen und gerechten Gottes zu leben. So wie Luther ein Mönch unter Mönchen war, war Paulus ein Pharisäer unter Pharisäern. Beide waren kluge und geschulte Köpfe. Von Paulus wird gesagt, daß er zur Zeit seiner Bekehrung der gelehrteste Mann Palästinas war. Auch er hatte schwer zu kämpfen mit dem Gesetz und der Frage nach der Gerechtigkeit Gottes. Luther, der Mönch, und Paulus, der Pharisäer, wurden beide verzehrt von dem Problem der heiligen Gerechtigkeit. Sie waren im alttestamentlichen Gesetz unterrichtet, ehe sie Verfechter des Evangeliums wurden.

Wer immer das Alte Testament liest, muß sich auseinandersetzen mit der scheinbaren Brutalität der Gerichte Gottes, die uns dort geschildert werden. Manche Menschen hören an diesem Punkt auf, die Bibel zu lesen. Sie stolpern über die vielen harten Aussagen. Für viele Menschen sind diese Brutalitäten Grund genug, das Christsein abzulehnen. Sie verachten deswegen Gott und machen ihm Vorhaltungen. Andere versuchen, die Tatsachen abzuschwächen, indem sie das Alte Testament gleichnishaft deuten, oder sie zerschneiden es und setzen es nach eigenem Gutdünken wieder zusammen, wobei sie die brutalen Geschichten auf der Ebene primitiver Mythen einstufen. Manche gehen sogar so weit, daß sie sagen, der alttestamentliche Gott sei ein anderer als der im Neuen Testament, sozusagen ein Schatten des wirklichen Gottes, eine Art dämonische Gottheit, deren verzehrender Zorn unter der Würde des liebenden Gottes im Neues Testament stehe.

In diesem Kapitel will ich dem alttestamentlichen Gott sozusagen in die Augen sehen, indem ich die schwierigsten und anstößigsten Stellen etwas näher beleuchte. Wir werden über Nadab und Abihu nachdenken, die

Söhne Aarons, die einem schnellen Gericht anheimfielen über Usa, der getötet wurde, weil er die Bundeslade angefaßt hatte. Wir werden eine lange Liste von Verfehlungen betrachten, für die Gott höchste Strafen ansetzte. Wir werden das Hinschlachten von Frauen und Kindern erleben, das anscheinend auf Gottes Gebot hin geschah. Das Kapitel ist nichts für schwache Gemüter. Wir werden in den Abgrund der Hölle schauen, wenn Sie bereit sind, mit mir zu lesen.

> *Und Aarons Söhne Nadab und Abihu nahmen ein jeder seine Pfanne und taten Feuer hinein und legten Räucherwerk darauf und brachten so ein fremdes Feuer vor den HERRN, das er ihnen nicht geboten hatte. Da fuhr ein Feuer aus von dem HERRN und verzehrte sie, daß sie starben vor dem Herrn (3. Mose 10,1-2).*

Nadab und Abihu waren Priester. Sie waren Söhne Aarons des Hohenpriesters. Gott selbst hatte Aaron als den ersten Hohenpriester ausgewählt. Mit Mose zusammen hatte Aaron das Volk Israel durch die Wüste geführt. Wenn jemand in Israel eine enge Verbindung zu Gott hatte, dann waren es diese beiden Männer. Es könnte vielleicht jemand denken, Gott würde den Söhnen Aarons etwas mehr Bewegungsfreiheit lassen. Aber da war keine. Für *eine* Übertretung vor dem Altar löschte Gott sie auf der Stelle aus. Es war nicht so, daß sie den Altar durch Prostitution oder Menschenopfer entweiht hätten, also mit Gebräuchen aus dem Molochkult. Sie hatten nur „fremdes Feuer" geopfert. Das war ihre Verfehlung. Wir wissen nicht genau, was dieses fremde Feuer war. Es hört sich so an, als ob einige junge Priester ein paar kreative Versuche mit der Liturgie gestartet hätten. Eine strafbare Handlung? Vielleicht. Aber die Todesstrafe? Und das ohne einen Prozeß? Sofortige Hinrichtung?

Immanuel Velikovsky bietet eine Theorie an, die vielleicht eine Erklärung für Nadabs und Abihus Geschichte geben könnte. Velikovsky ist der Meinung, daß eine plötzliche Katastrophe die Erdoberfläche veränderte, daß durch die zu große Annäherung eines Planeten zur Erde Verwerfungen auf der Erde entstanden oder daß ein Riesenkomet die magnetischen Pole der Erde und damit die Erdrotierung änderte. Ein Teil der Theorie besagt, daß ein Meteoritenschauer, in dem ungeheure Mengen Petroleum enthalten waren, die Erde bombardierte. Die Spalten und Ritzen der Erdoberfläche füllten sich mit Petroleum, und große Öllager entstanden in der Tiefe. (Wer denkt da nicht an die reichen Ölfelder im Mittleren Osten?) Der Schweif des Riesenkometen konnte jahrelang beobachtet werden. Die Menschen sahen darin ein Zeichen am Himmel und folgten ihm auf seinem gewundenen Weg, so wie die Juden, die 40 Jahre in merkwürdiger Richtung durch die Wüste wanderten. Velikovsky sieht in dem Schweif des Kometen die Rauch- und Feuersäule der Israeliten.

Nadab und Abihu fanden Petroleum und wunderten sich, was es wohl sei. Sie experimentierten damit herum und wollten schließlich sehen, wie es sich verhält, wenn sie es mit der brennenden Substanz vom Altar vermischen würden. Es explodierte und tötete die zwei Priester auf der Stelle. In einer primitiven Gesellschaft würde das als ein Gericht der Götter angesehen werden. Velikovsky bietet eine natürliche Erklärung für den biblischen Bericht. Aus seiner Sicht war der Tod Nadabs und Abihus ein tragischer Unfall.

Die biblische Sicht ist eine andere. Sie bezeichnet es als ein übernatürliches Gerichtsurteil Gottes. Der Tod kann durch natürliche Mittel verursacht worden sein. Aber es ist klar, daß er kein Unfall war, sondern dem Zorn und dem Gericht Gottes zuzuschreiben ist.

> *Da sprach Mose zu Aaron: Das ist's, was der HERR gesagt hat: Ich erzeige mich heilig an denen, die mir nahe sind, und vor allem Volk erweise ich mich herrlich. Und Aaron schwieg (3. Moses 10,3).*

Aaron muß sich gefragt haben: Warum dieses entsetzliche Strafgericht? Mose gibt ihm die Antwort des HERRN. Er erinnert ihn an die Weihe der Priester. Diese waren für eine heilige Aufgabe von dem übrigen Volk abgesondert und feierlich mit den präzisen Aufgaben ihres Amtes betraut worden. Sie hatten das Vorrecht, vor einem heiligen Gott zu dienen. Jedes Gefäß in der Stiftshütte hatte seine festgelegte Bestimmung. Und Gott hatte genaue Anweisungen über Material und Größe der einzelnen Gegenstände gegeben. In den Anweisungen Gottes gab es keine Unklarheiten. Mit der gebotenen Achtung vor dem Räuchopferaltar waren Aaron und seine Söhne über den Ablauf der Dienste und Darbringungen genauestens unterrichtet worden. Gott hatte gesagt:

> *Ihr sollt kein fremdes Räucherwerk darauf tun, auch kein Brandopfer, Speisopfer oder Trankopfer darauf opfern. Und Aaron soll an den Hörnern dieses Altars einmal im Jahr die Sühnung vollziehen mit dem Blut des Sündopfers, das zur Sühnung dargebracht wird. Solche Sühnung soll jährlich einmal geschehen bei euren Nachkommen. Hochheilig ist der Altar des HERRN (2. Mose 30,9-10).*

Die Anweisung war klar. Der Räuchopferaltar war von Gott als hochheilig gekennzeichnet worden. Als Nadab und Abihu fremdes oder unautorisiertes Feuer darauf opferten, handelten sie in klarer Auflehnung gegen Gott. Das war ein Akt großtuerischer Rebellion, eine unentschuldbare Beschmutzung der heiligen Stätte, ein in höchster Arroganz begangener Verrat an Gott, eine Entweihung des Heiligen.

Gottes Gericht kam schnell. Die Erklärung an Moses war deutlich. „Ich erzeige mich heilig an denen, die mir nahe sind, und vor allem Volk erweise ich mich herrlich." Das war keine Forderung, die in der Zukunft einmal erfüllt werden sollte. Es war Gegenwart, was Gott vor ihren Augen tat, was er angekündigt und geboten hatte. Und dieses göttliche Gebot kann kein Mensch rückgängig machen.

Den Abschluß der Geschichte lesen wir am Ende von Vers 3: „Aaron schwieg still."

Was sonst hätte er tun können? Die Sache war vorbei. Der Beweis war vorhanden, und Gott hatte sein Urteil gesprochen. Den Söhnen Aarons war ausdrücklich verboten worden, solches Feuer zu opfern. Sie waren ungehorsam gewesen, und Gott hatte seine Gerechtigkeit an ihnen vollzogen. Also war Aaron still. Er konnte keine Entschuldigung finden und keinen Protest vorbringen. So wie es Sündern beim Jüngsten Gericht ergehen wird, war sein Mund geschlossen.

Hier haben wir ein Beispiel von Gottes strafender Gerechtigkeit, der Gerechtigkeit, mit der er die Schuldigen bestraft. Ist diese Strafe grausam und ungewöhnlich? Geht sie über die Grenze der Gerechtigkeit hinaus und wird zur Ungerechtigkeit?

Wir haben unsere Vorstellung von Gerechtigkeit, daß die Bestrafung der Übertretung entsprechen muß. Und wenn die Strafe größer ist als das Vergehen, dann ist eine Ungerechtigkeit geschehen. Die Schrift macht klar, daß Nadab und Abihu nicht aus Unkenntnis handelten und deswegen keine Entschuldigung für ihre Sünde vorbringen konnten. Gott hatte ihnen seine Anweisungen klar und deutlich gegeben. Sie wußten, daß es ihnen nicht erlaubt war, unrechtmäßiges Feuer auf den Altar zu bringen. Daß sie gesündigt hatten, können wir leicht einsehen. Aber sie hätten sich nie träumen lassen, daß ihre Sünde so ernst sein könnte, daß Gott sie dafür auf der Stelle töten würde. Hier haben wir ein wichtiges Beispiel für die Härte der Strafe Gottes, eine Strafe, die im Verhältnis zu dem Vergehen grausam und ungewöhnlich ist. Eine solche Strafe ist uns nicht nur unverständlich, sie verunsichert uns auch.

Wie bringen wir dieses Geschehen in Einklang mit dem, was im ersten Mosebuch über die Gerechtigkeit Gottes zu lesen ist? „Sollte der Richter aller Welt nicht gerecht richten?" (1. Mose 18,25) Es war im Denken des Volkes verankert, daß Gottes Gerichte immer gerecht sind. Seine Gerechtigkeit ist nie unfair, nie launenhaft oder tyrannisch. Es ist unmöglich, daß Gott ungerecht sein könnte, denn seine Gerechtigkeit ist heilig.

Wenn das Geschick Nadabs und Abihus uns unverständlich erscheint, dann werden wir mit der Geschichte Usas noch größere Schwierigkeiten haben. Als David König von Israel geworden war, ergriff er sofort Maßnahmen, um seine Herrschaft zu festigen. So beriet er sich mit den Befehlshabern seiner Streitkräfte und beschloß, die Bundeslade, Israels Heiligtum, aus der „Verbannung" zu holen und an den gebührenden zentralen

Platz zu bringen. Die Bundeslade war von den Philistern geraubt worden, und man sagte, daß an diesem verhängnisvollen Tag die Herrlichkeit von Israel gewichen sei. Mit der Bundeslade war der größte Schatz Israels gestohlen worden. Den nahmen die Philister und stellten ihn in den Tempel ihres Götzen Dagon. Sie erkannten aber bald ihr Unrecht und schickten die Lade mit Geschenken nach Israel zurück. In Kirjat-Jearim wurde dann schließlich das Heiligtum viele Jahre hindurch aufbewahrt, um zu gegebener Zeit wieder an den ihm gemäßen Platz gebracht zu werden. Diese Stunde war nun gekommen, und David wollte die Herrlichkeit Israels zurückholen. Er sagte:

> *Laßt uns die Lade unseres Gottes wieder zu uns holen; denn zu Sauls Zeiten fragten wir nicht nach ihr. Da sprach die ganze Gemeinde, man solle das tun; denn es gefiel allem Volk gut (1. Chronik 13,3-4).*

Die Bundeslade war der Sammelpunkt der ganzen Nation. Sie war der Thron Gottes, die heilige Wohnung des Allerhöchsten. Gott selbst hatte durch Moses die genauen Anweisungen für die Konstruktion gegeben. Die Lade war aus Akazienholz gemacht und innen und außen mit Gold überzogen. Vier goldene Ringe befanden sich an der Außenseite, durch welche die Tragestangen gesteckt wurden, die auch aus Akazienholz gefertigt und mit Gold überzogen waren. Dieses Heiligtum nun wollte David nach Jerusalem holen.

> *Und sie ließen die Lade Gottes auf einem neuen Wagen aus dem Hause Abinadabs fahren. Usa aber und sein Bruder lenkten den Wagen. David aber und ganz Israel tanzten mit aller Macht vor Gott her, mit Liedern, mit Harfen, mit Psaltern, mit Pauken, mit Zimbeln und mit Trompeten. Als sie aber zur Tenne Kidons kamen, streckte Usa seine Hand aus, um die Lade zu halten; denn die Rinder glitten aus. Da entbrannte der Grimm des HERRN über Usa, und er schlug ihn, weil er seine Hand nach der Lade ausgestreckt hatte, so daß er dort starb vor Gott. Da ergrimmte David, daß der HERR den Usa so wegriß, und man nannte die Stätte Perez-Usa (d.h. Wegreißen Usas) bis auf diesen Tag (1. Chronik 13,7-11).*

David war ein Mann nach dem Herzen Gottes. Wenn schon er in Schrecken versetzt wurde durch den Ausbruch des Zornes Gottes, wieviel mehr mag das Geschehen heutige Leser verunsichern, die die Zusammenhänge noch nicht verstehen und nur von dem Gott der Liebe und Barmherzigkeit gehört haben? Zumal die Bibel Gott ja als einen langmütigen Gott schildert, der langsam zum Zorn ist. Müssen wir nicht denken, daß im Falle Usas Gottes Zorn nicht lange brauchte, um überzukochen? Usa berührte die Lade – und Peng! explodierte Gottes Zorn.

Auch in diesem Falle hat man Versuche unternommen, die Härte des

Geschehens zu mildern. Man hat erklärt, Usa habe so großen Respekt vor dem Heiligtum gehabt, daß er von Furcht erfüllt wurde und einem Herzschlag erlag. Er war zu Tode erschrocken. Diese Erklärung entbindet Gott von aller Verantwortung für die Angelegenheit. Die Interpretation der biblischen Schreiber ist lediglich ein Beispiel ihres primitiven Aberglaubens, der im ganzen Alten Testament zu finden ist.

Wir heutigen Menschen nehmen solche Erklärungen nicht nur deswegen gerne an, weil wir so allergisch gegen alles Übernatürliche geworden sind, sondern auch, weil dieses Ereignis unseren Gerechtigkeitssinn verletzt. Sehen wir uns noch einmal an, was geschehen ist. Die Lade befand sich auf einem Ochsenkarren auf dem Weg nach Jerusalem. Es war ein Festtag für das ganze Volk. Die Herrlichkeit kam in die heilige Stadt zurück. Harfen, Psalter, Tamburine, Zimbeln und Tropeten erklangen. Die Menschen säumten die Straßen, jubelten und tanzten.

Plötzlich rissen sich die Rinder los. Der Wagen drohte umzustürzen. Es war undenkbar, die kostbare Lade in den Schmutz der Straße fallen zu lassen. Usa streckte seine Hand aus, um das Heiligtum vor dem Fall zu bewahren. Das war kein vorsätzliches Handeln in Trotz und Verachtung gegen Gott. Usa hatte instinktiv seine Hand ausgestreckt, also eine Reflexhandlung. Und was tat Gott? Er tötete Usa auf der Stelle.

Ungerecht? Unmöglich? Aus menschlicher Sicht geurteilt, könnten wir so sagen. Aber untersuchen wir einmal, wie die Heilige Schrift das Geschehen darstellt. Was war Usas Sünde? Um diese Frage zu beantworten, müssen wir in die jüdische Geschichte schauen und sehen, wie Gott den Dienst der Priester angeordnet und welche speziellen Gebote für die Wartung des Heiligtums und der Stiftshütte er dem Volk gegeben hatte. Um Priester in Israel zu sein, mußte man aus dem Stamm Levi kommen. Alle Priester waren Leviten. Eine Familie aus dem Stamm Levi war der Klan der Kehatiter, also die Nachkommen von Kehat. Diese hatte Gott für eine ganz bestimmte Aufgabe ausgesondert, nämlich für den Dienst an den heiligen Geräten der Stiftshütte.

> *Dies soll aber das Amt der Söhne Kehat an der Stiftshütte sein: der Dienst am Hochheiligen (4. Mose 4,4).*

Man muß sich daran erinnern, daß die Stiftshütte ein transportables Zelt war. Wenn das Volk Israel aufbrach, um weiterzuziehen, nahmen sie natürlich das Heiligtum und das Zelt mit. Für den Transport mußten die heiligen Gefäße bedeckt werden. Wir lesen in 4. Mose 4,15:

> *Wenn nun Aaron und seine Söhne beim Aufbruch des Heeres dies alles ausgerichtet und das Heilige und all sein Gerät bedeckt haben, dann sollen die Söhne Kehat kommen, um es zu tragen. Sie sollen aber das Heilige selbst nicht anrühren, daß sie nicht sterben. Dies ist*

*es, was die Söhne Kehat von der Stiftshütte zu tragen haben.*

Mit allem Nachdruck erklärte Gott ihnen Einzelheiten für den Transport:

> *Und der HERR redete mit Mose und Aaron und sprach: Ihr sollt den Stamm der Geschlechter der Kehatiter nicht zugrunde gehen lassen unter den Leviten, sondern das sollt ihr mit ihnen tun, damit sie leben und nicht sterben, wenn sie dem Hochheiligen nahen: Aaron und seine Söhne sollen hineingehen und einen jeden anstellen zu seinem Amt und seiner Traglast. Sie aber sollen nicht selbst hineingehen, auch nur einen Augenblick das Heilige zu schauen, daß sie nicht sterben (4. Mose 4,17-20).*

Usa war ein Kehatiter. Er wußte genau, was seine Aufgabe war. Er war sorgfältig darin unterrichtet und geschult. Er hatte verstanden, daß das Berühren des Heiligtums ein Kapitalverbrechen war. Unter gar keinen Umständen war es einem Kehatiter erlaubt, die Bundeslade zu berühren. Kein Unfall, wie auch immer geartet, konnte die Unumstößlichkeit dieses Gebots aufheben. Allein die sorgfältige Konstruktion der Lade mit den goldenen Ringen und Tragestangen machte deutlich, daß die Lade selbst nicht berührt werden durfte. Nur die Stangen durften berührt und in die dafür vorgesehenen Ringe gesteckt werden, um auf diese Weise die Lade zu tragen. Und es war die Aufgabe der Kehatiter, das Heiligtum mit Hilfe der langen Stangen zu transportieren. Es gab keine Vorschrift, die besagte, der Transport könne auch mit einem Karren geschehen, um vielleicht die Prozedur schneller oder einfacher zu gestalten.

Wir müssen uns wirklich fragen, was die Lade auf dem Ochsenkarren zu suchen hatte. Gott nahm es so genau in bezug auf die heiligen Geräte, daß die Kehatiter die Lade nicht einmal ansehen geschweige denn berühren durften.

Das alles wußte Usa genau. Trotzdem streckte er seine Hand aus, um das Heiligtum vor einem Sturz zu bewahren. Eine heldenhafte Tat? Nein! Seine Tat entsprang dem Hochmut und war Sünde. Usa nahm an, seine Hand würde das Heiligtum weniger verunreinigen als die Erde. Aber Sand oder Schlamm konnten die Lade nicht entweihen, wohl aber die Berührung durch einen Menschen. Die Erde ist eine gehorsame Schöpfung, die den Auftrag des Schöpfers erfüllt; sie bringt zur gegebenen Zeit die Frucht hervor. Sie gehorcht den Gesetzen der Natur, die Gott gegeben hat. Die Erde begeht keinen Verrat und verunreinigt sich nicht.

Gott wollte sein Heiligtum von nichts berührt wissen, das mit Bösem verseucht war, das in Rebellion gegen ihn stand und durch diese Revolte der Schöpfung den Ruin gebracht hatte, die Vergänglichkeit, unter der sie seufzt und auf Erlösung wartet. Der Mensch ist unrein geworden. Ihm war die Berührung des Heiligtums verboten.

Usa war kein unschuldiger Mensch. Er wurde nicht ohne vorherige Warnung gestraft. Und er wurde nicht grundlos bestraft. Das göttliche Gericht entsprang nicht einer Laune. Da war keine Willkür, kein wunderliches Verhalten Gottes. Die Plötzlichkeit der Exekution und die Endgültigkeit der Strafe sind es, die uns schockieren und verletzen.

Warum ärgern und kränken uns diese Ereignisse um Nadab und Abihu und um Usa? Wir können das Handeln Gottes nicht in unser Empfinden einordnen, weil wir die vier wesentlichen biblischen Konzepte nicht verstehen, nämlich Heiligkeit, Gerechtigkeit, Sünde und Gnade. Wir verstehen nicht, was es bedeutet, heilig zu sein. Wir verstehen nicht, was Gerechtigkeit ist. Wir verstehen nicht, was Sünde ist. Und wir verstehen nicht, was Gnade ist.

Die Geschichte Usas ist ein Beispiel göttlicher Gerechtigkeit. Sie ist kein Beispiel der göttlichen Barmherzigkeit. Aber wir können die Barmherzigkeit Gottes nicht verstehen, es sei denn, wir erkennen zuvor etwas von seiner Gerechtigkeit.

Wenn die Bibel von dem gerechten Handeln Gottes redet, so steht das gewöhnlich in Verbindung mit Gottes ureigenster Gerechtigkeit. Es gibt kein gerechtes Handeln in Verbindung mit Ungerechtigkeit; und es gibt keine böse Gerechtigkeit. Das gerechte Handeln Gottes ist immer Ausdruck seiner heiligen Wesensart.

Das Wort *Gerechtigkeit* in der Bibel weist auf ein konformes Handeln, auf eine Regel, eine Norm hin. Gott handelt nach diesen Regeln. Die endgültige Norm für Gerechtigkeit ist Gottes eigene, heilige Wesensart. Gottes ewige Gerechtigkeit wurzelt in seiner absoluten Reinheit. Seine Reinheit und Heiligkeit verändern sich nicht im geringsten. Als der heilige Gott ist er völlig unfähig, irgendeine unheilige Handlung zu begehen.

Gott ist absolut beständig und gleichbleibend. Er geht keine krummen Wege, wie wir Menschen oft tun. Von aller Ewigkeit her hat Gott nie entgegen seinem gleichbleibenden Wesen gehandelt. Er tötete Nadab und Abihu. Er tötete Usa. Er tötete Ananias und Saphira, von denen im Neuen Testament berichtet wird. Wir können darin immer Gottes gerechtes Gericht erkennen.

Die Bibel lehrt eindeutig, daß Gott der höchste Richter des Universums ist. Die Frage, die sich uns beim Lesen der Geschichte Usas stellt, lautet: Ist Gott für dieses Amt qualifiziert? Um als höchster Richter im Himmel und auf Erden zu fungieren, sollte er gerecht sein. Wenn der höchste Richter ungerecht ist, haben wir keine Hoffnung, daß Gerechtigkeit je herrschen wird. Wir wissen, daß die menschlichen Richter unehrlich und bestechlich sein können und manchmal in Unkenntnis handeln. Sie machen Fehler.

So ist es nicht bei Gott. Bei ihm gibt es keine Korruption. Niemand kann ihn bestechen. Es ist keine Parteilichkeit an Gott zu erkennen, er sieht nicht die Person an. Er handelt nie in Unkenntnis der Sachlage. Er macht keine Fehler. Menschen können angeklagt werden. Aber nur ein Narr wird Gott anklagen.

Der Patriarch Abraham rang mit der Frage der Gerechtigkeit Gottes. Gott hatte Abraham eröffnet, er werde Sodom und Gomorra zerstören. Sein Plan war, die Städte völlig auszulöschen - Männer, Frauen und Kinder. Abraham war erschrocken über dieses Vorhaben Gottes. Er war bestürzt darüber, daß die Unschuldigen mit den Schuldigen ausgetilgt werden sollten. Mit dieser Frage trat Abraham vor Gott:

*Willst du denn den Gerechten mit dem Gottlosen umbringen? Es könnten vielleicht fünfzig Gerechte in der Stadt sein; wolltest du die umbringen und dem Ort nicht vergeben um fünfzig Gerechter willen, die darin wären? Das sei ferne von dir, daß du das tust und tötest den Gerechten mit dem Gottlosen, so daß der Gerechte wäre gleich wie der Gottlose! Das sei ferne von dir! Sollte der Richter aller Welt nicht gerecht richten? (1. Mose 18,23-25)*

„Sollte der Richter aller Welt nicht gerecht richten?" Eine abwegigere Frage gibt es wohl nicht. Abraham setzte voraus, daß es für Gott unmöglich ist, den Gerechten zusammen mit dem Ungerechten umzubringen. „Das sei ferne von dir . . ." Abraham wußte nicht, wie ferne eine solche Tat von Gott wirklich sein könnte. Für ihn war da nicht die entfernteste Möglichkeit einer solchen Tat. Gott würde aufhören, heilig zu sein, er würde aufhören, Gott zu sein, wenn er die Unschuldigen mit den Schuldigen töten würde. Gott war bereit, auf Abrahams Protest einzugehen, und versicherte ihm, er würde die Stadt verschonen, wenn fünfzig Gerechte darin zu finden seien. Gott versprach Abraham, die Stadt nicht zu zerstören, selbst wenn er nur zehn Gerechte finden würde. Aber was geschah mit Sodom und Gomorra?

*Abraham aber machte sich früh am Morgen auf an den Ort, wo er vor dem Herrn gestanden hatte, und wandte sein Angesicht gegen Sodom und Gomorra und alles Land dieser Gegend und schaute, und siehe, da ging ein Rauch auf von dem Lande wie der Rauch von einem Ofen (1. Mose 19,27-28).*

Der Richter Himmels und der Erde handelte recht. Der gerechte Lot wurde aus der Stadt gerettet (2. Petrus 2,7). Kein Unschuldiger wurde bestraft. Gottes Gericht ist immer gerecht. Sein Gericht und seine Gerechtigkeit sind nicht voneinander zu trennen. Er verdammt nie den Unschuldigen. Und der Schuldige kann nie vor ihm bestehen. Seine Gerechtigkeit ist vollkommene Gerechtigkeit.

Gott handelt nicht immer nach seiner Gerechtigkeit. Manchmal läßt er seine Barmherzigkeit walten. Barmherzigkeit ist nicht Gerechtigkeit, aber auch keine Ungerechtigkeit. Ungerechtigkeit mißachtet und verletzt die Gerechtigkeit. Barmherzigkeit offenbart Güte und Gnade, aber steht nicht im Gegensatz zur Gerechtigkeit. Gott kann also außerhalb seiner Gerechtigkeit handeln, dann ist das seine Barmherzigkeit; aber ungerecht wird er nie handeln.

Doch wir verstehen oft nicht den Unterschied zwischen Altem und Neuem Testament. Im Alten Testament scheint Gott viel strenger zu sein als im Neuen. Sehen wir uns nur einige der Verbrechen an, auf die in dem Alten Bund die Todesstrafe stand: Mord, Raub, Entführung, Ehebruch, Opferung von Kindern, Lästerung, Entheiligung des Sabbats, Zauberei, Okkultismus, gesetzwidrige Ehescheidung, homosexuelle Praktiken, Blutschande, Bestialität, Prostitution von Jungfrauen, Vergewaltigung, das Praktizieren falscher Prophetie, falsche Zeugenaussage, Menschenraub. Das sind nur einige Vergehen, die im Alten Testament die Todesstrafe zur Folge hatten. Das Neue Testament scheint die Liste der Kapitalverbrechen radikal verkleinert zu haben. Was wir bei dieser Betrachtungsweise allerdings außer acht lassen, ist die Tatsache, daß schon im Alten Testament Gott den Menschen mit erstaunlicher Langmut und Gnade begegnete. Diese Aussage mag nach der Betrachtung einiger Ereignisse im Alten Testament befremdend klingen. Um sie zu verstehen, müssen wir an den Anfang der Schöpfung zurückgehen. Was war die Strafe, die Gott an den Beginn der Menschheitsgeschichte gesetzt hatte? „An dem Tage, an dem du mein Gebot übertrittst, wirst zu sterben." Die Sünde verdient den Tod. Jede Sünde ist ein Kapitalverbrechen.

Gott steht nicht in unserer Schuld. Der Mensch hat das Leben verspielt. Gott ist nicht verpflichtet, uns das Leben zu schenken. Wir erlangen es nur durch seine Gnade. Und Gottes Gnade ist seiner göttlichen Autorität unterworfen. Die Aufgabe, die dem Menschen von Anfang an zugedacht war, besteht darin, Zeuge der Heiligkeit Gottes zu sein, sein Ebenbild darzustellen. Wir sind geschaffen, um Spiegelbild seiner Heiligkeit und um seine Abgesandten zu sein.

Gott unterzieht den Menschen einer Eignungsprüfung und sagt: „Wenn du sündigst, mußt du sterben." Die Sünde bringt den Verlust der Gabe des Lebens. Das Recht zum Leben wird durch die Sünde verwirkt. Sobald ein Mensch sündigt, verfällt jeglicher Anspruch auf das Leben. Nun müssen wir fragen: Wann sollte die Strafe für die Sünde vollstreckt werden? Hatte Gott etwa gesagt: Wenn du sündigst, wirst du irgendwann einmal sterben?

Nein! Gott hatte deutlich gesagt: An dem Tag, an dem du sündigst, mußt du des Todes sterben.

Die Strafe hieß also nicht nur „Tod", sondern „sofortiger Tod", am gleichen Tag, so plötzlich wie bei Nadab und Abihu, wie bei Usa, wie bei Ananias und Saphira. „An dem Tage, an dem du sündigst, wirst du des Todes sterben."

Viele Kommentatoren versuchen, die göttliche Warnung abzuschwächen, indem sie den angedrohten Tod in 1. Mose 2 als geistlichen Tod erklären. Das ist aber nicht das, was der Text sagt. Die Todesstrafe, vor der Gott warnte, ist im vollen Sinne des Wortes zu verstehen. Ich möchte nicht mißverstanden werden. Adam und Eva erlitten sofort den geistlichen Tod, die Trennung von Gott. Aber Gott gewährte ihnen Gnade in bezug auf die volle Vollstreckung der Strafe. Das volle Maß der Strafe wurde hinausgeschoben, damit die Gnade Zeit hat, ihr Werk zu tun. Die Verzögerung der Gerechtigkeit in diesem Falle bedeutete keine Verleugnung der Gerechtigkeit, sondern die Einsetzung von Barmherzigkeit und Gnade.

Trotzdem sind wir immer noch der Todesstrafe unterworfen. Alle Menschen sterben. Wir mögen siebzig oder achtzig oder hundert Jahre alt werden. Aber sterben werden wir, denn wir sind alle der Todesstrafe verfallen, weil wir alle gesündigt haben. Wir sitzen alle auf der Todesbank und erwarten unsere Hinrichtung. Der größte Massenvernichter war nicht etwa Hitler oder Stalin, sondern Mutter Natur. Aber Mutter Natur handelt nicht unabhängig von Gott, sie ist nur die Rächerin des heiliges Gottes.

„An dem Tage, an dem ihr sündigt, werdet ihr des Todes sterben." Ist das ungerecht? Denken Sie einmal darüber nach. War es übel von Gott, die Todesstrafe für jegliche Übertretung festzusetzen? Falls Sie „Ja" sagen möchten, mahne ich Sie zur Vorsicht. Bejahen Sie die Frage, so ist zunächst grundsätzlich festzustellen, daß diese Meinung der gefallenen, sündigen Natur entspringt, die Sie ja erst der Todesstrafe aussetzt. Sagen Sie „Ja", so verleumden Sie Gott. Sie verletzen die Heiligkeit Gottes. Sie greifen den gerechten Richter des Universums an. Wenn wir „Ja" sagen, haben wir noch nicht verstanden, was Sünde ist. Wir können diese Frage nur in voller Überzeugung mit „Nein" beantworten.

Ist die Todesstrafe für Sünde nun ungerecht? Keineswegs. Gott hat den Menschen erschaffen. Er gab ihm das höchste Privileg, Träger seines Ebenbildes zu sein. Er machte uns nur ein wenig niedriger als die Engel. Aus freien Stücken gab er uns die Herrschaft über die Erde. Wir sind keine Schildkröten, keine Fliegen, keine Raupen, keine Kojoten. Wir sind Menschen, nach dem Bild des heiligen und erhabenen Königs des gesamten Kosmos erschaffen.

Wir haben das Geschenk des Lebens nicht im Sinne des Schöpfers genutzt. Unser Planet ist zur Arena des Verrats an der gesamten Schöpfung und dem Schöpfer geworden. Unser Verbrechen ist viel ernster und viel verheerender, als es die schlimmsten Taten irgendeines gewalttätigen Herrschers je sein können. Kein Verräter irgendeines Königs oder Volkes ist je der Schlechtigkeit unseres Verrats an Gott nahegekommen.

Sünde ist Verrat an der gesamten Schöpfung. Und Sünde ist Verrat an dem absolut reinen und höchsten Herrscher. Sie ist ein Akt äußerster Undankbarkeit gegenüber dem Einen, dem wir alles schulden, dem wir selbst unser Leben verdanken. Haben Sie je über den tieferen Zusammenhang der Sünde, selbst eines kleinen Vergehens nachgedacht? Was bedeutet unser Ungehorsam, selbst wenn es nur um kleinste Dinge geht? Wir sagen damit Gott ab, dem absolut gerechten Gott. Wir setzen ihm unser Nein entgegen. Wir sagen: Gott, dein Gesetz ist nicht gut. Meine eigene Beurteilung der Dinge ist besser als deine. Deine Autorität gilt nicht für mich. Ich stehe nicht unter deiner Oberaufsicht. Ich habe das Recht zu tun, was ich will. Du kannst mir nichts befehlen.

Schon die kleinste Sünde ist Widerstand gegen die höchste Autorität. Sie ist Revolution. Sie ist Rebellion, mit der wir uns gegen den Einen auflehnen, dem wir alles, was wir sind und haben, verdanken. Sie ist eine Beleidigung seiner Heiligkeit. Wenn wir, die Träger der Ebenbildlichkeit Gottes, sündigen, so sagen wir damit allen in unserem Herrschaftsbereich lebenden Wesen: Schaut her, so ist Gott, der allmächtige Schöpfer. Wir tun so, als sei Gott habsüchtig, unbarmherzig, bitter, ein Mörder, ein Dieb und Verleumder. Alles, was die Welt an uns sieht, bezieht sie auf Gott.

Unsere Sünde ist die primäre, elementare Verschwörung. Wir strecken unsere Hände nach der Krone aus und intrigieren gegen den Thron. Wir sagen: Wir wollen dich nicht als Herrscher über uns haben.

Der Psalmsänger drückt das folgendermaßen aus:

> *Warum toben die Heiden und murren die Völker so vergeblich? Die Könige der Erde lehnen sich auf, und die Herren halten Rat miteinander wider den HERRN und seinen Gesalbten: Lasset uns zerreißen ihre Bande und von uns werfen ihre Stricke! (Psalm 2,1-3)*

Unsere Sünde ist nicht nur Verrat an der Sache Gottes, sie ist auch Gewalt gegeneinander. Sünde tut immer dem anderen Gewalt an. Das ist keine theoretische, unwirkliche Aussage. Mit meinen Sünden füge ich anderen Menschen Schmerz zu; ich verletze sie; ich plündere ihr Gut; ich verletze ihren Ruf; ich raube ihnen einen Teil ihrer kostbaren Lebensqualität; ich zerstöre ihre Träume, ihr Streben nach Glück und Zufriedenheit. Wenn ich Gott beleidige, beleidige ich damit gleichzeitig alle Menschen, die sein Bild tragen. Können wir uns da noch wundern, daß Gott Sünde so ernst nimmt?

Hans Küng, der umstrittene katholische Theologe, schreibt über das scheinbar harte Urteil Gottes im Alten Testament, daß der rätselhafte Aspekt des Geheimnisses Sünde nicht die Tatsache sei, daß der Sünder den Tod verdiene, sondern daß er im allgemeinen weiterhin existierte. Küng stellt richtig fest: Die Frage ist nicht, warum Gott die Sünder bestraft, sondern vielmehr, warum er die fortdauernde Rebellion der Menschen duldet. Welcher König, welcher Herrscher würde soviel Geduld mit den immerfort rebellierenden Untertanen haben?

Küng spricht von der allgemeinen Situation des Menschen. Die Antwort auf seine Frage liegt in der Geduld und Langmut Gottes. Gott ist in der Tat langmütig, geduldig, langsam zum Zorn. So langsam, daß es uns schockiert und beleidigt, wenn er wirklich zum Ausbruch kommt. Wir vergessen dann sehr schnell Gottes Geduld, mit der er uns zur Umkehr führen möchte. Wir vergessen die lange Zeit, die er uns gewährte, um uns von dem verkehrten Weg abzuwenden und mit ihm versöhnt zu werden. Statt seine Geduld zu nutzen und demütig zu ihm zu kommen und um Vergebung zu bitten, benutzen wir seine Güte als Gelegenheit zu noch frecherer Sünde. Wir machen uns selbst etwas vor, wenn wir meinen, Gott werde darüber hinwegsehen oder besitze keine Strafgewalt.

Es ist die größte Dummheit, die wir begehen können, daß wir meinen, irgendwie würden wir schon mit unserer Rebellion durchkommen.

Weit davon entfernt, die Geschichte eines harten, unbarmherzigen Gottes aufzuzeichnen, zeigt das Alte Testament vielmehr einen extrem geduldigen Gott. Das Alte Testament ist die Geschichte eines Volkes, das mit größter Hartnäckigkeit immer und immer wieder gegen Gott rebellierte. Es geriet unter die Sklavenherrschaft eines fremden Volkes. In ihrer Not riefen die Menschen zu Gott. Gott hörte ihr Schreien und errettete sie. Er teilte das Rote Meer vor ihnen und führte sie aus der Gefangenschaft. Sie reagierten auf die Güte Gottes mit der Verehrung eines Stiers.

Trotz allem, was wir bisher gesehen haben, müssen wir uns noch mit der schwierigen Frage, die sich aus der Art der Eroberung Kanaans ergibt, auseinandersetzen. Gott ordnete dabei ausdrücklich die Hinrichtung aller Männer, Frauen und Kinder an. Das verheißene Land wurde Israel durch ein blutiges Schwert gegeben. Gott ordnete dieses Blutbad an:

> *Wenn dich der HERR, dein Gott, ins Land bringt, in das du kommen wirst, es einzunehmen, und er ausrottet viele Völker vor dir her, die Hetiter, Girgaschiter, Amoriter, Kanaaniter, Perisiter, Hewiter und Jebusiter, sieben Völker, die größer und stärker sind als du, und wenn sie der HERR, dein Gott, vor dir dahingibt, daß du sie schlägst, so sollst du an ihnen den Bann vollstrecken. Du sollst keinen Bund mit ihnen schließen und keine Gnade gegen sie üben (5. Mose 7,1-2).*

Warum gab Gott diesen Befehl? Wie konnte er nur das Hinschlachten von Frauen und Kindern anordnen? Auch hier finden wir wieder die modernen Versuche, den Ernst dieser Begebenheiten abzuschwächen. So wird von manchen Theologen erklärt: Im Licht des Neuen Testaments, das die Liebe Gottes offenbart, könne man erkennen, daß Gott niemals solche schreiende Ungerechtigkeit angeordnet habe. Das Alte Testament sei nichts weiter als die Geschichte einer primitiven, kriegerischen Gruppe von Hebräern, die auf diese Weise versucht habe, ihre Greueltaten zu rechtfertigen.

Hier sei Mythologie in den biblischen Bericht eingeflossen, meinen andere. Sie übersehen dabei einige wesentliche Aspekte der Geschichte. Zunächst ist da der Präzedenzfall der Flut zu nennen, ein noch viel ernsterer Fall als die Unterwerfung Kanaans. In der Flut vernichtete Gott die gesamte Erdbevölkerung außer Noah und seiner Familie. Die Flut war eine „Unterwerfung Kanaans" im großen Stil. Noch bedeutender ist das Nichtverstehen der wahren Natur der Sünde. Manche Kommentatoren sind der Ansicht, daß Gott in Kanaan unschuldige Menschen umgebracht habe. Aber tatsächlich gab es keine unschuldigen Frauen und Kinder in Kanaan. Es gab eine Menge Frauen und Kinder dort, aber keine unschuldigen. Die Unterwerfung Kanaans war die Konsequenz eines gerechten Gerichts an einer verdorbenen, sündigen Nation. Diesen Umstand hatte Gott dem Volk Israel klargemacht. Er hatte außerdem deutlich werden lassen, daß auch Israel nicht unschuldig war. Es war nicht so, daß Gott eine korrupte Nation hinwegraffte, um ihr Land einem gerechten Volk zu geben. Wir können hier nur sehen, daß Gott den Kanaanitern Gerechtigkeit angedeihen ließ und den Israeliten Barmherzigkeit schenkte. Und Gott erinnerte die Israeliten daran:

> *Wenn nun der HERR, dein Gott, sie ausgestoßen hat vor die her, so sprich nicht in deinem Herzen: Der HERR hat mich hereingeführt, dies Land einzunehmen, um meiner Gerechtigkeit willen –, da doch der HERR diese Völker vertreibt vor dir her um ihres gottlosen Treibens willen. Denn du kommst nicht herein, ihr Land einzunehmen, um deiner Gerechtigkeit und deines aufrichtigen Herzens willen, sondern der HERR, dein Gott, vertreibt diese Völker um ihres gottlosen Treibens willen, damit er das Wort halte, das er geschworen hat deinen Vätern Abraham, Isaak und Jakob (5. Mose 9,4-5).*

Dreimal erinnert Gott in diesen Worten die Israeliten daran, daß es nicht ihre Gerechtigkeit ist, wodurch die Kanaaniter besiegt werden. Er wollte diese Tatsache dem Volk ganz deutlich machen. Sie hätten sonst zu der Schlußfolgerung kommen können, Gott sei „auf ihrer Seite", weil sie besser waren als die Nationen um sie her. Gottes Ankündigung machte diese Folgerung unmöglich.

Der Angelpunkt der Unterwerfung Kanaans ist die Heiligkeit Gottes. Seine Heiligkeit war es, die dieses Unternehmen anordnete. Zum einen war der Untergang die Bestrafung für die Beleidigungen und Verletzungen seiner Heiligkeit, die von den Kanaanitern täglich begangen wurden. Zum anderen bereitete Gott dadurch das Land für ein Volk, mit dem er einen heiligen Zweck verfolgte. Gott ordnete an, daß den Bewohnern des Landes keine Barmherzigkeit erwiesen werden sollte. Und er erklärte auch warum:

> *Du sollst dich mit ihnen nicht verschwägern; eure Töchter sollt ihr nicht ihren Söhnen geben, und ihre Töchter sollt ihr nicht nehmen für eure Söhne. Denn sie werden eure Söhne mir abtrünnig machen, daß sie anderen Göttern dienen; so wird denn des HERRN Zorn entbrennen über euch und euch bald vertilgen. Sondern so sollt ihr mit ihnen tun: Ihre Altäre sollt ihr einreißen, ihre Steinmale zerbrechen, ihre heiligen Pfähle abhauen und ihre Götzenbilder mit Feuer verbrennen. Denn du bist ein heiliges Volk dem HERRN, deinem Gott. Dich hat der HERR, dein Gott, erwählt zum Volk des Eigentums aus allen Völkern, die auf Erden sind (5. Mose 7,3-6).*

Gott erwählte nicht das Volk Israel, weil es schon heilig war. Er erwählte es, um es zu heiligen. Israel war im doppelten Sinne des Wortes gerufen, heilig zu sein. Es war gerufen, anders zu sein, beiseitegenommen als Instrument für den Heilsplan Gottes. Es war auch gerufen, heilig zu sein im Sinne von gereinigt sein. Heidnische Bräuche sollten in Israel nicht gefunden werden. Es sollte geheiligt werden durch die Gegenwart Gottes. Die Rettung für die Nationen sollte aus Israel kommen. Das verheißene Land war sozusagen die Brutstätte für den kommenden Messias. Da war kein Platz für heidnische Heiligtümer und Riten. Gott verfügte eine Politik der verbrannten Erde, um das Land für das zukünftige Heil zu reinigen.

Auf den letzten Seiten haben wir Fragen behandelt, die sich im Alten Testament über das Thema der göttlichen Gerechtigkeit auftun. Wir haben versucht zu zeigen, daß Gottes Gerechtigkeit weder launenhaft noch ungerechtfertig ist. Wir müssen noch hinzufügen, daß kein wirklicher Konflikt zwischen dem Wesen Gottes besteht, wie es uns im Alten Testament entgegentritt, und dem, wie es im Neuen Testament erscheint. Es ist der alttestamentliche Gott, den Christus „Vater" nannte. Es ist der Gott Abrahams, Isaaks und Jakobs, der die Welt so sehr liebte, daß er seinen einzigen Sohn gab, um sie zu erretten. Es ist dieser Gott, dessen Willen zu erfüllen die Speise Jesu war. Es war der Eifer für den Gott, der Nadab, Abihu und Usa schlug, der Jesus verzehrte. Es ist der Gott, der die Welt in der Sintflut untergehen ließ, der die Wasser seiner Barmherzigkeit über uns ausgießt.

Das, was als Konflikt zwischen Altem und Neuem Testament angesehen wird, tritt uns in dem brutalsten Zornausbruch Gottes entgegen, von dem die Schrift zu berichten weiß. Aber diese Tat finden wir nicht im Alten Testament, sondern im Neuen. Den schlimmsten Ausdruck von Gottes Zorn und Gerechtigkeit sehen wir im Kreuz. Wenn je ein Mensch Ursache zur Klage über Gottes Ungerechtigkeit hätte äußern können, dann wäre es Jesus. Er war der einzige unschuldige Mensch, der je von Gott bestraft wurde. Wenn wir Anstoß an Gottes Gerechtigkeit nehmen, dann sollten wir das am Kreuz tun. Hier wäre unsere Bestürzung am Platz. Wenn wir Grund zu moralischer Entrüstung haben, dann auf Golgatha.

Das Kreuz ist das schrecklichste und gleichzeitig wunderbarste Beispiel von Gottes Zorn. Es war die gerechteste und gleichzeitig die barmherzigste Tat der Geschichte. Gott wäre mehr als ungerecht gewesen, er hätte teuflisch gehandelt, Jesus zu strafen, wenn dieser nicht zuvor freiwillig die Sünden der ganzen Welt auf sich genommen hätte. Nachdem Christus das getan hatte, nachdem er sich als das Lamm Gottes, das mit unserer Sünde beladen war, aus freiem Willen zur Verfügung gestellt hatte, war er zur abstoßendsten, abscheulichsten Figur des ganzen Erdkreises geworden. Mit der konzentrierten Sündenlast, die dieser trug, war er ganz und gar abstoßend für den Vater geworden. Gott schüttete seinen Zorn über dieses unzüchtige, obszöne, durch und durch sündige Wesen aus. Gott verfluchte Christus um der Sünde willen, die dieser trug. An dieser Stelle wurde Gottes heilige Gerechtigkeit in vollkommener Weise manifestiert. Und das ist für uns geschehen. Christus nahm auf sich, was die Gerechtigkeit von uns forderte. Dieser Für-uns-Aspekt des Kreuzes zeigt die ganze Majestät seiner Gnade. Gerechtigkeit und Gnade - Zorn und Barmherzigkeit zur selben Zeit. Es ist zu wunderbar, zu unergründlich.

Wir ducken uns ängstlich vor der Gerechtigkeit Gottes, weil ihre Auswirkungen für uns ungewöhnlich und unverständlich sind. Wie Küng beobachtete, entspringen die Taten Gottes gewöhnlich seiner Gnade. Aber die Gnade versetzt uns nicht mehr in Erstaunen. Wir sind sie gewöhnt; wir halten sie für selbstverständlich. Vielleicht finden wir dafür die beste Illustration im Leben Jesu selbst:

> *Es waren aber zu der Zeit etliche dabei, die verkündeten ihm von den Galiläern, deren Blut Pilatus mit ihrem Opfer vermischt hatte. Und Jesus antwortete und sprach zu ihnen: Meinet ihr, daß diese Galiläer mehr als alle anderen Galiläer Sünder gewesen sind, weil sie das erlitten haben? Ich sage euch: Nein; sondern wenn ihr nicht Buße tut, werdet ihr alle auch so umkommen. Oder meinet ihr, daß die achtzehn, auf welche der Turm in Siloah fiel und erschlug sie, seien*

*schuldiger gewesen als alle anderen Menschen, die zu Jerusalem wohnen? Ich sage euch: Nein; sondern wenn ihr nicht Buße tut, werdet ihr alle auch so umkommen (Lukas 13-1-5).*

Das ist eine der schwierigsten Stellen der „harten Reden" Jesu. Es wird die Frage erhoben, was mit den Leuten war, die Pilatus abschlachtete, oder mit den anderen, auf die der Turm fiel und sie tötete. Wo war Gott, als dieses geschah? Die Frage, die zur Diskussion stand, lautete doch: Wie konnte Gott zulassen, daß so etwas geschah? Hinter der Frage steht eigentlich eine nur dünn verschleierte Anklage. Es läuft immer auf dasselbe hinaus: Wie kann Gott die Leiden dieser unschuldigen Menschen zulassen?

Wir können den in der Frage enthaltenen Protest deutlich hören. Die achtzehn unschuldigen Menschen gingen nur die Straße entlang ihren eigenen Geschäften nach. Sie rempelten keine anderen Verkehrsteilnehmer an. Sie belästigten keine Straßenarbeiter. Sie hatten keinen Raub begangen. Sie waren nur einfach da - zur falschen Zeit, am falschen Platz. Sie erlitten die Konsequenzen eines fatalen Unglücks.

Wir mögen vielleicht erwartet haben, daß Jesus seine Trauer über diese schlimmen Unfälle kundtat. Aber Jesus sagte etwas ganz anderes: „Wenn ihr nicht Buße tut, werdet ihr alle auch so umkommen." Was heißt das? Wie sollen wir das verstehen? Jesus wollte doch damit sagen: Ihr Leute stellt die verkehrte Frage. Sie müßte eigentlich heißen: Warum ist der Turm nicht auf uns, auf mich gefallen? Jesus tadelte die Leute, weil ihre Bestürzung am verkehrten Platz war. In zwanzig Jahren sind zahllose Studenten mit der Frage zu mir gekommen, warum Gott nicht alle Menschen rettet. Nur ein einziges Mal kam einer, der sagte: „Eines verstehe ich nicht: Warum Gott ausgerechnet mich errettet hat."

Wir sind nicht wirklich verwundert darüber, daß Gott uns errettet hat. Irgendwo tief in unserem Inneren, im letzten Hinterstübchen unseres Seins hegen wir den leisen Gedanken, daß Gott uns seine Barmherzigkeit schuldet. Der Himmel würde nicht ganz derselbe sein, wenn wir davon ausgeschlossen wären. Wir wissen, daß wir Sünder sind, aber so schlecht wie wir vielleicht sein könnten, sind wir nun doch nicht. Da gibt es genügend sühnende, wiedergutmachende Charakterzüge in uns, daß, wenn Gott wirklich gerecht ist, er uns schon in seine Erlösung hineinnehmen wird. Gerechtigkeit ist es, was uns in Verwirrung bringt, nicht die Gnade.

Erst meine Studenten haben mich gelehrt, wie sehr der Mensch dazu tendiert, Gnade als etwas Selbstverständliches hinzunehmen. Ich hatte einen Anfängerkurs über das Alte Testament vor 250 Studenten im ersten Semester eines Bibelkollegs zu lehren. Am ersten Vorlesungstag ging ich mit aller Sorgfalt den Lehrplan durch. Meine Erfahrungen hatten mir gezeigt, daß ich auf die pünktliche Abgabe der Zwischenarbeiten immer besonders deutlich hinweisen mußte. Dieser Kurs erforderte drei kurze Arbeiten. Ich erklärte den Studenten, daß die erste Arbeit am 30. September mittags auf meinem Schreibtisch zu liegen habe. Es würde keine Verlängerung der Frist gewährt werden, es sei denn, ein Student sei wirklich schwer erkrankt oder in der engsten Familie sei ein Todesfall eingetreten. Der Student, der seine Arbeit nicht rechtzeitig abliefere, werde automatisch die schlechteste Note erhalten. Die Studenten bestätigten, daß sie die Vorschriften erhalten und verstanden hätten.

Am letzten Septembertag händigten mir 225 Studenten pflichtgemäß ihre Arbeiten aus. Die restlichen fündundzwanzig standen da, schlotterten vor Angst und waren voller Gewissensbisse. Sie klagten: „O Herr Professor Sproul, es tut uns leid. Wir haben unsere Zeit nicht richtig eingeteilt. Wir haben uns noch nicht an den Studienbetrieb gewöhnt. Bitte, geben Sie uns keine schlechte Note. Lassen Sie uns bitte noch ein wenig Zeit."

Ich ließ mich auf ihr Bitten ein. „Gut", sagte ich, „ich lasse euch diesmal noch etwas Zeit. Aber denkt an den letzten Oktober, wenn die nächste Arbeit fällig ist!"

Nun waren sie überschwenglich in ihrer Dankbarkeit und ihren Beteuerungen, zum nächsten Termin bestimmt pünktlich alles abliefern zu wollen. Dann kam der letzte Oktober. Zweihundert Studenten brachten ihre Arbeiten. Fünfzig kamen mit leeren Händen. Sie waren nervös, aber nicht in Panik. Nach ihren Arbeiten gefragt, gaben sie sich wieder reumütig und zerknirscht. „O Professor, wir sind in der Mitte verschiedener Kurse. Bei allen Professoren haben wir Arbeiten abzuliefern. Bitte geben Sie uns noch eine Chance. Wir versprechen, es wird nie wieder vorkommen!"

Noch einmal ließ ich mich erweichen und sagte ihnen: „Das ist aber das letztes Mal. Liefert ihr beim nächsten Termin nicht rechtzeitig ab, gibt es kein Pardon. Ich will keine Entschuldigungen hören und kein Gejammer! Verstanden?" „O Professor! Sie sind großartig! Sie sind der beste Professor!"

Können Sie sich vorstellen, was am letzten November geschah? Hundertfünfzig Studenten lieferten ihre schriftlichen Arbeiten ab. Die restlichen hundert kamen in größter Sorglosigkeit in den Vorlesungssaal geschlendert. „Wo haben die Herren ihre Arbeiten?" fragte ich sie. Ein Student antwortet: „O, Sie können ohne Sorge sein, Professor, wir arbeiten daran. In einigen Tagen werden Sie alles haben. Kein Problem!" Ich nahm mein Notenbuch zur Hand und fing an, die Namen aufzuschreiben. „Johnson, haben Sie ihre Arbeit?" - „Nein, Herr Professor", kam die Antwort. „F" sagte ich, während ich die Note eintrug. „Mildner, haben Sie Ihre Arbeit?" - „Nein, Herr Professor." Ich trug die nächste Note „F" in mein Buch ein. Nun reagierten die Studenten. In äußerster Heftigkeit kamen ihre Anschuldigungen. Sie tobten, protestierten und schrien, es sei unfair.

Einen aus der tobenden Menge schaute ich an und fragte ihn, ob er auch denke, es sei unfair.

„Nein", antwortete er brummend.

„O, ich sehe. Es ist Gerechtigkeit, nach der Sie schreien. Wenn ich mich recht erinnere, waren Sie beim letzten Termin auch zu spät. Ich gebe Ihnen ein ‚F' für die heute fällige Arbeit. Und die Note vom Oktober werde ich auch in ein ‚F' umwandeln, denn das ist es, was Sie verdienen."

Der junge Mann war verblüfft. Er hatte keine Argumente mehr vorzubringen. Er entschuldigte sich für sein hitziges Benehmen und war plötzlich froh, nun doch mit nur einem „F" davonzukommen.

Die Stundenten hatten meine Nachsicht schnell als eine selbstverständliche Sache hingenommen; sie setzten nun meine Milde einfach voraus. Als plötzlich Gerechtigkeit eintrat, waren sie nicht darauf vorbereitet. Es war ein Schock für sie, und sie zeigten sich schwer beleidigt; und das nach zweimaliger Dosis meiner Nachsicht in einem Zeitraum von nur zwei Monaten.

Gottes Taten sind viel mehr von Barmherzigkeit bestimmt, als ich meinen Studenten in ihrer Lässigkeit erzeigte. Die alttestamentliche Geschichte erstreckt sich über viele Jahrhunderte. Während dieser Zeit war Gott immer und immer wieder barmherzig. Als sein göttliches Urteil dann Nadab, Usa und andere traf, wurde Gottes Handeln als Beleidigung aufgefaßt. Die Menschen waren schockiert. Wir haben uns an die Barmherzigkeit Gottes gewöhnt; jetzt ist es nur noch ein kleiner Schritt, sie zu fordern. Bringen wir diese Forderung nicht zum Ausdruck, so reagieren wir zum mindesten mit Zorn und Protest: Das ist unfair! Nun reicht es aber! Wir vergessen sehr schnell, daß wir bereits mit unserer ersten Sünde das Anrecht auf die Gabe des Lebens verwirkt haben. Jeder Atemzug, den ich tue, ist ein Geschenk göttlicher Barmherzigkeit. Gott schuldet mir gar nichts. Ich schulde ihm alles. Wenn er heute nachmittag einen Turm auf mich fallen läßt, kann ich mich nicht über ungerechte Behandlung beklagen.

Eines unserer grundsätzlichen Probleme ist die Verwechslung von Gerechtigkeit und Barmherzigkeit. Wir leben in einer Welt, in der die Ungerechtigkeit triumphiert. Ungerechtigkeiten zwischen den Menschen sind an der Tagesordnung. Jeder von uns ist schon ungerecht behandelt worden, und jeder von uns ist schon ungerecht gegen andere gewesen. Die Menschen begegnen sich oft unfair. Eines ist sicher: Menschen mögen mir schon viel Unrecht erwiesen haben, aber Gott hat mich noch nie auch nur im geringsten ungerecht behandelt.

Nehmen wir einmal an, ein Mensch beschuldigt mich fälschlicherweise, ich hätte Geld gestohlen. Man belastet mich, ich werde abgeführt und ins Gefängnis gesteckt. Was nun mein Verhältnis zu den Menschen betrifft, bin ich Opfer einer schändlichen Ungerechtigkeit geworden. Ich habe alles Recht, Gott anzurufen und um Rechtfertigung vor den Menschen zu bitten. Gott zürnt mit den Menschen, die mich ungerechterweise ins Gefängnis steckten, und er verheißt, mich eines Tages zu rechtfertigen. Die Ungerechtigkeit ist da, sie ist Wirklichkeit und offenbart sich jeden Tag in dieser Welt.

Die Ungerechtigkeiten, unter denen wir leiden, sind alle horizontaler Art. Sie werden begangen zwischen den Akteuren dieser Welt. Über den Dingen dieser Welt steht der große Richter aller Zeiten. Menschen mögen mich mißhandeln, aber Gott nie. Daß Gott es zuläßt, daß Menschen mich ungerecht behandeln, ist von Gott nur gerecht. Während ich mich bei Gott beklagen kann über die Ungerechtigkeit auf menschlicher Ebene, unter der ich zu leiden habe, kann ich mich nie erheben und Gott einer vertikalen Ungerechtigkeit bezichtigen, weil er die horizontale zuließ. Gott wäre vollkommen gerecht, wenn er es zulassen würde, daß ich für mein ganzes Leben ins Gefängnis wandern müßte, für Taten, die ich nicht begangen habe. Vor den Menschen mag ich unschuldig sein, aber vor Gott bin ich schuldig.

Oft legen wir Gott die Ungerechtigkeiten, die uns treffen, zur Last und hegen bittere Gefühle gegen ihn wegen unfairer Behandlung. Selbst wenn wir erkennen, daß er gütig ist, meinen wir, er sei nicht gütig genug, und wir hätten mehr Gnade verdient.

Lesen Sie diesen letzten Satz bitte noch einmal: *Wir hätten mehr Gnade verdient.* Was stimmt an diesem Satz nicht? Ist er nicht ein vollständiger Satz? Doch, der Rotstift braucht nicht angesetzt zu werden. Aber mit dem Inhalt, mit der Bedeutung des Satzes ist grundsätzlich etwas nicht richtig.

Es ist für alle Zeiten völlig unmöglich, sich die Gnade Gottes zu verdienen. Schon der Wortsinn macht es klar: Gnade kann nichts mit Verdienst zu tun haben. Sobald wir von Verdienst reden, ist Gnade ausgeschlossen; wir reden dann nämlich von Gerechtigkeit. Nur Gerechtigkeit kann man verdienen. Gott ist absolut nicht verpflichtet, barmherzig zu sein. Barmherzigkeit und Gnade können nur freiwillig gewährt werden, oder es ist keine Barmherzigkeit und keine Gnade mehr. Gott ist uns nie seine Gnade schuldig. Er erinnert uns mehr als einmal daran: Ich erzeige Barmherzigkeit, wem ich will (z. B. Römer 9,15). Das ist das göttliche Vorrecht. Gott hat das höchste Recht der Gnadenerweisung für sich selbst reserviert.

Nehmen wir einmal an, zehn Menschen sündigen mit gleicher Sünde. Nehmen wir weiter an, Gott strafe fünf davon und sei mit den anderen fünf barmherzig. Wäre das ungerecht? Nein! In diesem Falle wären fünf Leute gerecht behandelt worden und fünf hätten Barmherzigkeit erfahren. Aber niemand wäre ungerecht behandelt worden. Wir neigen zu der Annahme: Wenn Gott die fünf Menschen seine Barmherzigkeit erfahren ließ, hätte er mit den anderen fünf ebenso handeln müssen. Aber warum denken wir so? Er ist nicht dazu verpflichtet, barmherzig zu sein. Falls er neun Menschen von zehn Barmherzigkeit zukommen läßt, kann der zehnte nicht sagen, ihm sei Unrecht geschehen. Gott schuldet uns keine Barmherzigkeit. Und er ist nicht verpflichtet, alle Menschen gleich zu behandeln. Vielleicht soll ich das noch einmal sagen: *Gott ist nicht verpflichtet, alle Menschen gleich zu behandeln.* Wenn Gott je ungerecht zu uns wäre, hätten wir Grund zur Klage. Aber daß er mit meinem Nachbarn barmherzig ist, gibt mir nicht das Recht, auch für mich Barmherzigkeit zu verlangen. Wir müssen uns immer wieder daran erinnern, daß Barmherzigkeit nur auf freiwilliger Basis geschehen kann. „Wessen ich mich erbarme, dessen erbarme ich mich." Ich kann von Gott immer nur Gerechtigkeit oder Gnade empfangen. Nie werde ich Ungerechtigkeit von seiner Hand erfahren. Mir mögen darum bitten, daß Gott uns vor Menschen zur Gerechtigkeit verhelfe, aber wir wären absolute Narren, wenn wir um Gerechtigkeit von seiner Seite bitten würden.

Das Unverständnis von Gerechtigkeit und Gnade löst Entsetzen in uns aus, wenn wir Geschichten wie die von Nadab, Abihu und Usa lesen. Wenn Gottes Gerechtigkeit wirkt, sind wir verletzt, weil wir meinen, er schulde uns beständige Gnade. Aber wir müssen uns davor hüten, seine Gnade als selbstverständlich hinzunehmen. Wir dürfen die Fähigkeit zum Staunen über Gottes Gnade nicht verlieren.

Ich erinnere mich an eine Predigt, die ich während meiner Ausbildungszeit hielt. In Anlehnung an ein Lied (Amazing Grace) hatte ich etwas von der unendlichen Gnade Gottes gesagt. Nach der Predigt stellte mir einer der Lehrer eine Frage. Er sagte: „Herr Sproul, wo haben Sie eigentlich den Gedanken von der unendlichen Gnade Gottes her? Gibt es wirklich keine Grenze seiner Gnade?" Als die Frage gestellt wurde, war mir sofort klar, daß ich in Schwierigkeiten war. Ich konnte den Liedvers zitieren, aber mir fiel absolut keine Schriftstelle ein, die von der unendlichen Gnade Gottes sprach.

Gottes Gnade ist nicht unbegrenzt. Gott ist unbegrenzt und unendlich, und Gott ist gnädig. Wir erfahren die Gnade des ewigen, unendlichen Gottes, aber Gnade ist nicht endlos. Gott setzt seiner Geduld und Langmut Grenzen. Er warnt uns immer und immer wieder vor dem kommenden Gericht.

Da wir dazu neigen, Gottes Gnade vorauszusetzen, denke ich, daß Gott es nötig fand, Israel von Zeit zu Zeit daran zu erinnern, daß seine Gnade nicht selbstverständlich ist. Bei seltenen, aber tragischen Gelegenheiten zeigte er die furchterregende Macht seiner Gerechtigkeit. Er tötete Nadab und Abihu. Er tötete Usa. Er befahl die Ausrottung der Kanaaniter. Es ist, als ob er sagen würde: Seid vorsichtig! Vergeßt über den Wohltaten meiner Gnade nicht meine Gerechtigkeit. Vergeßt nicht die Kraft der Sünde. Denkt daran, daß ich heilig bin.

*Wenn der Mensch nicht für Gott geschaffen ist,*
*warum ist er nur in Gott glücklich?*
*Wenn der Mensch für Gott geschaffen ist,*
*warum steht er in Opposition zu Gott?*

Blaise Pascal

# Krieg und Frieden mit einem heiligen Gott

Die Bibel enthält die Geschichte von Männern und Frauen, die mit Gott gerungen haben. Der Name *Israel* bedeutet *einer, der mit Gott kämpft.* Gott ist heilig. Er ist hoch über uns, übernatürlich. Trotzdem ist er ein Gott, mit dem wir kämpfen können. Das Ziel dieses Kampfes ist nicht ewiger Krieg, sondern endgültiger Frieden. Manche Menschen haben diesen Frieden gefunden. In diesem Kapitel wollen wir die Beispiele von Menschen ansehen, die im Kampf lagen mit Gott und Frieden davongetragen haben. Wir wollen auf Jakob sehen, auf Hiob, Habakuk und Saul von Tarsus. Dann wollen wir herausfinden, was es bedeutet, Frieden mit Gott zu machen. Jakob war ein Schurke. Sein Name bedeutet *Verdränger.* Er war derjenige, der seinen Vater betrog, seinen Bruder nach seinem Willen lenkte und zusammen mit seiner Mutter eine ungöttliche Verschwörung plante und zur Durchführung brachte. Es ist schwer vorstellbar, daß der Sohn Isaaks und Enkelsohn Abrahams so korrupt sein konnte. Aber im Laufe seines Lebens machte er eine radikale Änderung durch. Sie begann in Bethel:

> *Aber Jakob zog aus von Beerscheba und machte sich auf den Weg nach Haran und kam an eine Stätte, da blieb er über Nacht, denn die Sonne war untergegangen. Und er nahm einen Stein von der Stätte und legte ihm zu seinen Häupten und legte sich an der Stätte schlafen (1. Mose 28,10-11).*

Reisen im alten Palästina kamen oft einer Feuerprobe gleich. Die Nächte brachten Gefahren von marodierenden Dieben und Räubern und von wilden Tieren. An dem Weg, den Jakob wanderte, gab es keine Herbergen, keine Hütte, die Schutz hätte bieten können. Er wanderte, so lange er konnte, bis die Sonne unterging. Dann kampierte er unter den Sternen. Sein Kissen war ein Stein. Beim Einschlafen hatte er einen Traum, der dazu angetan war, sein Leben zu ändern:

> *Und ihm träumte, und siehe, eine Leiter stand auf Erden, die rührte mit der Spitze an den Himmel, und siehe, die Engel Gottes stiegen daran auf und nieder. Und der HERR stand oben darauf und sprach: Ich bin der HERR, der Gott deines Vaters Abraham, und Isaaks Gott; das Land, darauf du liegst, will ich dir und deinen Nachkommen geben. Und dein Geschlecht soll werden wie der Staub auf Erden, und du sollst ausgebreitet werden gegen Westen und Osten, Norden und Süden, und durch dich und deine Nachkommen sollen alle Geschlechter auf Erden gesegnet werden. Und siehe, ich bin mit dir und will dich behüten, wo du hinziehst, und will dich wieder herbringen in dies Land. Denn ich will dich nicht verlassen, bis ich dir alles tue, was ich dir zugesagt habe (1. Mose 28,12-15).*

Die Leiter, die Jakob in seinem Traum sah, wird allgemein als Jakobsleiter bezeichnet. Sie stellte eine Brücke zwischen Himmel und Erde dar. Bis dahin hatte Jakob in seinem Leben nichts mit himmlischen Dingen zu tun gehabt. Man kann sagen, daß er abseits von Gott lebte. Vielleicht befremdet es, daß der Sohn Isaaks und Enkel Abrahams so vollkommen „weltlich" war. Abraham hatte mit Gott geredet. Sicher hatte der junge Jakob abends beim Feuer die Geschichten seines Vaters und Großvaters gehört. Er muß von dem Befehl Gottes an Abraham, seinen Sohn Isaak auf dem Berg Morija zu opfern, gewußt haben.

Jakob hatte wohl nur sein Leben auf dieser Erde gesehen. Die himmlischen Dinge hatten keinen Eindruck bei ihm hinterlassen. Sein Sinnen und Streben war auf diese Erde gerichtet. Soweit es nach ihm ging, war da zwischen Himmel und Erde eine unüberbrückbare Kluft. Falls es einen Gott gab, war er weit weg, so total überirdisch, daß er mit dem Leben Jakobs nichts zu tun hatte. Dieser Gott, von dem seine Eltern redeten, war für Jakob unerreichbar - bis er einen Traum hatte.

Das zentrale Bild des Traumes war eine Leiter. Sie war eine Kontaktstelle, eine Verbindung von den heiligen Bereichen zu den profanen. Auf der Leiter sah Jakob Engel herab- und hinaufsteigen. Sie bewegten sich in beiden Richtungen, von der Erde zum Himmel und vom Himmel zur Erde. Es war eine fortwährende Bewegung. Die Engel bewegten sich von der Gegenwart Gottes in die Gegenwart des Menschen. An der Spitze der Leiter sah Jakob die Gestalt Gottes. Gott redete zu ihm über die Verheißung, die er Abraham und Isaak gegeben hatte. Die Verheißung Gottes würde durch Jakob weitergehen auf künftige Generationen. Jakob sollte der Träger des Bündnisses sein, das Gott mit einem Eid beschworen hatte. Gott verhieß

Jakob, er würde bei ihm sein, wo immer er hingehen würde, bis alle Verheißungen erfüllt seien.

Was geschah mit Jakobs Leiter? Das Bild verschwand und wurde in der alttestamentlichen Geschichte nicht mehr genannt. Jahrhunderte später tauchte sie plötzlich im Neuen Testament wieder auf:

> *Philippus findet Nathanael und spricht zu ihm: Wir haben den gefunden, von welchem Mose im Gesetz und die Propheten geschrieben haben, Jesus, Josephs Sohn von Nazareth. Und Nathanael sprach zu ihm: Was kann von Nazareth Gutes kommen? Philippus spricht zu ihm: Komm und sieh es! Jesus sah Nathanael kommen und spricht von ihm: Siehe, ein rechter Israelit, in welchem kein Falsch ist. Nathanael spricht zu ihm: Woher kennst du mich? Jesus antwortete und sprach zu ihm: Ehe dich Philippus rief, da du unter dem Feigenbaum warst, sah ich dich. Nathanael antwortete ihm: Rabbi, du bist Gottes Sohn, du bist der König von Israel! Jesus antwortete und sprach zu ihm: Du glaubst, weil ich dir gesagt habe, daß ich dich gesehen habe unter dem Feigenbaum; du wirst noch Größeres als das sehen. Und spricht zu ihm: Wahrlich, wahrlich, ich sage euch: Ihr werdet den Himmel offen sehen und die Engel Gottes hinauf- und herabfahren auf des Menschen Sohn (Johannes 1,45-51).*

Jesu Worte an Nathanael waren fundamental. In diesem Gespräch machte Jesus deutlich, daß er selbst die Jakobsleiter ist. Er ist die Brücke zwischen Himmel und Erde. Er ist derjenige, der den Abgrund zwischen dem ewigen Gott und den sterblichen Menschen überspannt. Er bringt uns den fernen Gott nahe. War es das, was Jakob als Schatten des Zukünftigen geschaut hatte?

Als Jakob von seinem Traum erwachte, war er überwältigt von der Vision:

> *Als nun Jakob von seinem Schlaf aufwachte, sprach er: Fürwahr, der HERR ist an dieser Stätte, und ich wußte es nicht! Und er fürchtete sich und sprach: Wie heilig ist diese Stätte! Hier ist nichts anderes als Gottes Haus, und hier ist die Pforte des Himmels (1. Mose 28,16-17).*

Der Name des Ortes, an dem Jakob diesen Traum hatte, wurde als Bethel bekannt. Das Wort bedeutet im Hebräischen „Haus Gottes". Es war da kein Tabernakel und kein Tempel. Jakob nannte es Haus Gottes, weil dort der Heilige sich ihm offenbart hatte. Jakobs Worte sind typisch für die peinliche Lage, in der sich auch der moderne Mensch fühlt. Wir meinen auch, Gott sei nicht da, wenn wir keinen brennenden Busch, keine Feuersäule und keinen ins Fleisch gekommenen Christus auf unseren Straßen wandeln sehen. Wir fühlen uns verlassen, an ein unbeteiligtes Universum ausgeliefert, eingeschlossen in eine Welt, aus der es keine Leiter zu den Sternen gibt.

So fühlte Jakob, bis er seinen Traum hatte. Seine Worte beschreiben gut unsere heutige Situation. „Fürwahr, der HERR ist an dieser Stätte, und ich wußte es nicht." Gott war immer da. Er war nicht ferne von Jakob. Aber Jakob war ihm in seinem ganzen Leben nicht begegnet. Er war sich der Gegenwart Gottes nicht bewußt. Die tragische Unkenntnis der Gegenwart Gottes zeigt sich täglich im Leben von Millionen von Menschen. Gott ist da, aber wir nehmen ihn nicht wahr. In dem Moment, in dem uns seine Gegenwart bewußt wird, beginnt der heftigste persönliche Kampf, den ein Mensch erfahren kann. Der Traum beendete Jakobs Kampf nicht. Er war der Anfang eines Kampfes, der fortdauern sollte. Von nun an kämpfte Jakob um seine Seele.

„Wie heilig ist diese Stätte!" Das war die Reaktion auf das Sein im Hause Gottes. In Kirchengebäuden bekommen Menschen normalerweise nicht dieses Gefühl. Da ist kein Sinn für Ehrfurcht, kein Sinn dafür, daß wir in der Gegenwart des Einen stehen, vor dem wir erzittern. Die Klage, Gottesdienst sei langweilig, wird man nie von gottesfürchtigen Menschen hören.

Die Gelehrten sind sich nicht einig über den Zeitpunkt von Jakobs Bekehrung. Manche sagen, es sei hier in Bethel gewesen, als er die überwältigende Erfahrung von Gottes Nähe machte. Andere meinen, es sei viel später gewesen, als er dieses heftige, entscheidende Ringen mit Gott erlebte:

*So ging das Geschenk vor ihm her; er aber blieb diese Nacht im Lager. Und Jakob stand auf in der Nacht und nahm seine beiden Frauen und die beiden Mägde und seine elf Söhne und zog an die Furt des Jabbok, nahm sie und führte sie über das Wasser, so daß hinüberkam, was er hatte, und blieb allein zurück.*

*Da rang ein Mann mit ihm, bis die Morgenröte anbrach. Und als er sah, daß er ihn nicht übermochte, schlug er ihn auf das Gelenk seiner Hüfte, und das Gelenk der Hüfte Jakobs wurde über dem Ringen mit ihm verrenkt. Und er sprach: Laß mich gehen, denn die Morgenröte bricht an. Aber Jakob antwortete: Ich lasse dich nicht, du segnest mich denn.*

*Er sprach: Wie heißest du? Er antwortete: Jakob. Er sprach: Du sollst nicht mehr Jakob heißen, sondern Israel; denn du hast mit Gott und mit Menschen gekämpft und hast gewonnen. Und Jakob fragte ihn und sprach: Sage doch, wie heißest du? Er aber sprach: Warum fragst du, wie ich heiße? Und er segnete ihn daselbst (1. Mose 32,22-30).*

Der Mann, mit dem Jakob gekämpft hatte, war offensichtlich mehr als ein Mensch – es war der Engel Gottes. Der heftige, leidenschaftliche Kampf dauerte die ganze Nacht, wobei keiner der Kämpfer die Oberhand gewann. Schließlich benutzte der Engel die überwältigende Kraft Gottes und rührte das Gelenk der Hüfte Jakobs an. Jakobs „Sieg" bestand nicht in der Überwindung seines „Gegners", sondern in seinem eigenen Überleben. Er ging lebend aus dem Zweikampf hervor, aber mit einer hinkenden Hüfte für den Rest seines Lebens.

Die Diskussion mit dem Engel über die Namen ist wesentlich. Der Engel forderte den Namen von Jakob. Die Preisgabe seines Namens war für den Kämpfer gleichbedeutend mit der Anerkennung der Überlegenheit des anderen, der Beweis der eigenen Untertänigkeit. Als Jakob seien Namen preisgab, lieferte er sich selbst aus. Er gab die Autorität über sein eigenes Leben ab. Mit dieser Übergabe war ein neuer Name verbunden, eine neue Identität: *Israel.*

Noch in der Niederlage hoffte Jakob auf ein „Unentschieden", auf etwas Verbindendes, Ausgleichendes, das seinen Stolz, seine Ehre unversehrt lassen würde. Selbst eine halbe Hingabe würde helfen. Er bat den Engel, ihm doch seinen Namen zu nennen. Aber der Engel verweigerte die Bitte. Beachten wir den Unterschied. Der Engel forderte Jakobs Namen, und Jakob unterwarf sich. Jakob bat den Engel um dessen Namen, und er wurde ihm nicht genannt. Das war der letzte Akt der göttlichen Besitzergreifung. Bei Gott gibt es kein Unentschieden, keine halben Entscheidungen. Wenn wir mit dem Allmächtigen kämpfen, sind wir die Verlierer, und er ist der eine unbesiegbare Held.

Der Heilige kann nicht in einem persönlichen Kampf besiegt werden. Aber es gibt doch einen Trost hier. Jakob kämpfte mit Gott und überlebte den Kampf. Er wurde geschlagen. Er verließ den Kampfplatz als Krüppel, aber er überlebte den Kampf. Gott fordert auch uns zum Kampf heraus, zu einem ehrlichen, ernsten Kampf. Wenn die formende Kraft Gottes unser Leben verändert, so bedeutet das Kampf, Kampf gegen uns selbst, bis wir endlich bereit sind, uns ihm ganz auszuliefern, um dann auch den tiefen Frieden zu erfahren, der in der völligen Hingabe liegt.

Nie hat jemand eine lebhaftere und geharnischtere Debatte mit Gott geführt als Hiob. Wenn je ein Mensch das Recht zu haben schien, Gott herauszufordern, dann war es Hiob. Er war von Gott selbst als gerecht bezeichnet worden, trotzdem erlitt er unsagbares Elend. Betrachtet man das Drama Hiobs, so könnte man meinen, der arme Mann sei nur eine Marionette in dem Kampf zwischen Gott und Satan gewesen. Gott erlaubte die Prüfung Hiobs. Seine Besitztümer wurden gestohlen, seine Familie zerstört, und schließlich wurde er selbst mit quälenden Beulen gepeinigt. Er fand keine Linderung seiner Schmerzen. Seine körperlichen Qualen beeinflußten schließlich seinen Seelenzustand.

Ich unterhielt mich einmal mit einer krebskranken Frau, die gerade eine Chemotherapie durchmachte. Sie hatte sehr unter Übelkeit und Erbrechen zu leiden. Ich fragte sie, wie sie geistlich die Sache durchstehen könne. Ihre Antwort war äußerst objektiv: „Es ist schwer, Christ zu sein mit dem Kopf im Toilettenbecken." Die Frau kannte die enge Verbindung zwischen Körper und Seele. Es ist ungeheuer schwer, geistlich gesonnen zu sein, wenn der Körper von Schmerzen heimgesucht wird, für die es keine Linderung gibt.

Hiob befand sich in dieser Lage; trotzdem lästerte er nicht. Er warf sein Vertrauen in Gott nicht weg. Selbst seine Frau riet ihm, sich umzubringen: „Sage Gott ab und stirb."

Aber Hiob blieb fest. Er wählte nicht diesen scheinbar leichten Ausweg. Er erduldete die Ratschläge seiner törichten Freunde. Und schließlich fing er an, mit Gott zu rechten. Alleine stand er vor dem Allmächtigen, um Antwort auf sein unverständliches Geschick ringend. Die Erwiderung Gottes ist kaum tröstlich zu nennen:

> *Und der HERR antwortete Hiob aus dem Wettersturm und sprach: Wer ist's, der den Ratschluß verdunkelt mit Worten ohne Verstand? Gürte deine Lenden wie ein Mann! Ich will dich fragen, lehre mich! Wo warst du, als ich die Erde gründete? Sage mir's, wenn du so klug bist! Weißt du, wer ihr das Maß gesetzt hat oder wer über sie die Richtschnur gezogen hat? Worauf sind ihre Pfeiler eingesenkt, oder wer hat ihren Eckstein gelegt, als mich die Morgensterne miteinander lobten und jauchzten alle Gottessöhne? Wer hat das Meer mit Toren verschlossen, als es herausbrach wie aus dem Mutterschoß, als ich's mit Wolken kleidete und in Dunkel einwickelte wie in Windeln, als ich ihm seine Grenze bestimmte mit meinem Damm und setzte ihm Riegel und Tore und sprach: „Bis hierher sollst du kommen und nicht weiter; hier sollen sich legen deine stolzen Wellen!"? (Hiob 38,1-11)*

Das war eine schwierige Prüfung. Hiob hatte Antworten von Gott verlangt. Statt dessen werden ihm Fragen vorgelegt. Gott weist Hiob zurecht, weil dieser die Weisheit Gottes mit seiner eigenen Unwissenheit verdeckt hatte. Es ist, als ob Gott gesagt hätte: „Nun gut, Hiob, du willst mich verhören. Ich werde deine Fragen beantworten. Aber vorher will ich dich einiges fragen." Wie Geschosse aus einem Schnellfeuergewehr prasselten nun die Fragen auf Hiob nieder, eine erschreckender als die andere. Schließlich mußte Hiob bekennen:

> *Siehe, ich bin zu gering, was soll ich antworten? Ich will meine Hand auf meinen Mund legen. Einmal habe ich geredet und will nicht mehr antworten, ein zweites Mal geredet und will's nicht wieder tun (Hiob 40,4-5).*

Beachten wir das Bild, das Hiob gebraucht. Er sagt, er will seine Hand auf seinen Mund legen. Er macht sich selbst mundtot. Er bedeckt seine

Lippen mit seiner Hand, damit ihnen nicht noch mehr törichte Worte entschlüpfen können. Er hatte erkannt, daß seine Worte dreist und vermessen gewesen waren. Und deshalb wollte er jetzt lieber schweigen.

Aber die Befragung ging weiter. Gott war noch nicht fertig mit seiner Prüfung. Was nun folgte, überwältigte Hiob.

> *Willst du mein Urteil zunichte machen und mich schuldig sprechen, daß du recht behältst? (Hiob 40,8)*

Jetzt sieht er klar. Seine Anklagen sind eine Beleidigung des heiligen Gottes. Diese Frage Gottes durchbohrt Hiob gewissermaßen: Willst du mich verdammen, damit du selbst gerechtfertigt erscheinst? Ohne Zweifel möchte Hiob gerne gerechtfertigt werden. Er hatte die Anklagen seiner Freunde satt. Und er konnte nicht verstehen, warum er so geplagt wurde. Er flehte um Rechtfertigung. Aber sein Begehren war außer Kontrolle geraten. Er stand im Begriff, Gottes Gerechtigkeit gegen seine eigene einzutauschen. Indem er Gottes Unrecht in Erwägung zog, hatte er in seiner Argumentation eine Grenzlinie überschritten. Und nun fragte Gott ihn geradeheraus: Willst du mich verdammen, um dich selbst zu entlasten?

Das Gewicht dieser Frage traf Hiob hart. Fast wurde er davon zerschmettert. Schließlich nahm er die Hand von seinem Mund und redete noch einmal. Diesmal lag keine Anschuldigung in seinen Worten. Er brach sein Schweigegelübde nur, um Gott seine Reue und Bußfertigkeit zu bringen:

> *Ich erkenne, daß du alles vermagst, und nichts, das du dir vorgenommen, ist dir zu schwer. „Wer ist der, der den Ratschluß verhüllt mit Worten ohne Verstand?" Darum hab ich unweise geredet, was mir zu hoch ist und ich nicht verstehe. »So höre nun, laß mich reden; ich will dich fragen, lehre mich!" Ich hatte von dir nur vom Hörensagen vernommen; aber nun hat mein Auge dich gesehen. Darum spreche ich mich schuldig und tue Buße in Staub und Asche (Hiob 42,2-6).*

Wenn man diesen Teil der Geschichte Hiobs liest, könnte man meinen, Gott wollte Hiob einschüchtern. Hiob flehte dringend um Antwort. Gott versprach zu antworten; aber es kamen keine Antworten. Um genau zu sein, Gott hatte eine Bedingung mit seiner Antwort verbunden. Hiob sollte zuerst antworten. Hiob bestand die Prüfung nicht. Und Gott beantwortete Hiobs Fragen nicht.

Aber Hiob war zufriedengestellt. Obwohl Gott ihm keine Antworten gegeben hatte, waren Hiobs Fragen zur Ruhe gekommen. Er erhielt eine höhere Antwort, als jede direkte Erwiderung ihm hätte geben können. Gott beantwortete Hiobs Fragen nicht mit Worten, sondern mit sich selbst. Als Hiob erkannte, wer Gott ist, hatte er alles empfangen, was er brauchte. Die Einzelheiten konnte er nun ruhig Gott überlassen. Nachdem Gott ihm nicht mehr ein verborgenes Mysterium war, konnte Hiob getrost mit ein paar ungelösten Fragen leben. Als Gott sich offenbarte, war Hiob so beschäftigt mit Reue und Buße, daß er keine Zeit mehr für weitere Herausforderungen hatte. Seine Anklage war umgeleitet worden auf ihn selbst: „Ich spreche mich schuldig und tue Buße in Staub und Asche."

Ich möchte noch einen Mann aus dem Alten Testament zeigen, der Gott herausforderte. Der Prophet Habakuk forderte Rechenschaft von Gott über Ereignisse, die seinem Gerechtigkeitssinn entgegenstanden. Der Prophet war entsetzt darüber, daß die gottlosen Völker das Volk Gottes strafen sollten, das doch gerechter war als die Völker, die es ausraubten. Oberflächlich betrachtet sah es so aus, als ob Gott seine Verheißungen, die er den Juden einst gegeben hatte, preisgegeben und seinen göttlichen Beistand den verruchten Babyloniern zugewendet habe. Habakuk war da in der Lage eines heutigen Juden, der sich fragt, ob Gott im Holocaust wohl auf der Seite Hitlers gestanden habe.

> *HERR, wie lange soll ich schreien, und du willst nicht hören? Wie lange soll ich zu dir rufen: „Frevel!", und du willst nicht helfen? Warum läßt du mich Bosheit sehen und siehst dem Jammer zu? Raub und Frevel sind vor mir; es geht Gewalt vor Recht. Darum ist das Gesetz ohnmächtig, und die rechte Sache kann nie gewinnen; denn der Gottlose übervorteilt den Gerechten; darum ergehen verkehrte Urteile (Habakuk 1,2-4).*

Habakuk war in Zorn entbrannt. Seine Beschwerde war so heftig, daß er etwas über das Ziel hinausschoß. Er sagte: „Das Gesetz ist ohnmächtig, und die gerechte Sache kann nie gewinnen." Sicher gibt es Ungerechtigkeiten in dieser Welt, deren Richtigstellung lange auf sich warten läßt. Aber zu sagen, daß die gerechte Sache nie gewinne, ist doch eine ziemliche Übertreibung. Wie Hiob, so verlangte auch Habakuk eine Antwort. Er wollte die Sache mit Gott ausfechten. Er stand auf seiner Warte, bereit, die Antwort des Allmächtigen entgegenzunehmen. Als Gott schließlich mit ihm redete, war die Reaktion Habakuks gleich der des Hiob:

> *Weil ich solches höre, bebt mein Leib, meine Lippen zittern von dem Geschrei. Fäulnis fährt in meine Gebeine, und meine Knie beben (Habakuk 3,16).*

Der Prophet war wie ein kleines Kind, das von seinen Eltern ausgeschimpft wurde. Sein Herz klopfte heftig, und seine Lippen begannen zu zittern. Wir wissen, wie die Lippen eines kleinen Kindes zittern können, wenn es das Weinen verhindern will. Hier war ein erwachsener Mann, der in der Gegenwart Gottes zu zittern begann wie ein kleines Kind. Er fühlte einen inneren Zerfall seines Körpers, und seine Knie bebten. Schwach und zitternd ging er von dem Kampfplatz hinweg.

Als Gott sich offenbarte, schwand der zornige Protest Habakuks dahin. Der Ton seiner Rede änderte sich plötzlich; aus bitterer Verzweiflung wurde unerschütterlich Hoffnung:

> *Aber ich will harren auf die Zeit der Trübsal, daß sie heraufziehe über das Volk, das uns angreift. Da wird der Feigenbaum nicht grünen, und es wird kein Gewächs sein an den Weinstöcken. Der Ertrag des Ölbaums bleibt aus, und die Äcker bringen keine Nahrung: Schafe werden aus den Hürden gerissen, und in den Ställen werden keine Rinder sein. Aber ich will mich freuen des HERRN und fröhlich sein in Gott, meinem Heil (Hab. 3,16b-18).*

In seiner Freude war Habakuk nun so überschwenglich wie vorher in der Verzweiflung. Er konnte nun in absoluter Ruhe und tiefstem Frieden dem Allerhöchsten vertrauen. Seine Worte in unsere heutige Situation übertragen, könnten folgendermaßen lauten: Selbst wenn es mit der Wirtschaft abwärts gehen sollte, wenn die Arbeitslosigkeit noch zunehmen und die Lebensmittelpreise steigen sollten, ja selbst wenn eine Weltwirtschaftskrise den letzten Wohlstand hinwegraffen und ein Krieg alles zerstören sollte, will ich mich freuen des Herrn und fröhlich sein in Gott, meinem Heil.

Jakob, Hiob und Habakuk hatten Gott den Krieg erklärt, sie alle bestürmten die himmlischen Festungsmauern. Alle drei Männer gingen gestärkt aus dem Kampf hervor. Sie hatten einen schmerzvollen Preis zu zahlen. Gott erlaubte den Kampf. Aber es war jeweils ein äußerst heftiger Kampf, bis schließlich der Frieden geschlossen werden konnte.

Saul von Tarsus erlebte die gleiche überwältigende Unterwerfung durch Gott. Er war ein eifernder Pharisäer in totaler Abwehr gegenüber dieser neuen Sekte der Christen. Er hatte sich vorgenommen, die Christen vom Erdboden zu vertilgen. Mit Autorität ausgerüstet trieb er die Christen zusammen und warf sie ins Gefängnis. Er stand dabei, als Stephanus gesteinigt wurde, und stimmte dieser Tat zu. Und er war froh, den Auftrag erhalten zu haben, auch in Damaskus die Verfolgung der Christen fortzusetzen. Dann geschah es auf der Straße nach Damaskus, daß er dem Einen Heiligen begegnete. Er berichtete später das Geschehen vor König Agrippa:

> *Als ich nach Damaskus reiste mit Vollmacht und Befehl von den Hohenpriestern, sah ich mitten am Tage, o König, auf dem Wege ein Licht vom Himmel, heller als der Sonne Glanz, das mich und die mit mir reisten umleuchtete. Als wir aber alle zur Erde niederfielen, hörte ich eine Stimme reden zu mir, die sprach auf hebräisch: Saul, Saul, was*

*verfolgst du mich? Es wird dir schwer sein, gegen den Stachel auszuschlagen.*
*Ich aber sprach: Herr, wer bist du? Der Herr sprach: Ich bin Jesus, den du verfolgst; aber stehe auf und tritt auf deine Füße. Denn dazu bin ich dir erschienen, daß ich dich verordne zum Diener und Zeugen dessen, was du von mir gesehen hast und was ich dir nicht will erscheinen lassen. Und ich will dich erretten von dem Volk und von den Heiden, unter welche ich dich sende, aufzutun ihre Augen, daß sie sich bekehren von der Finsternis zu dem Licht und von der Gewalt des Satans zu Gott, um zu empfangen Vergebung der Sünden und das Erbteil samt denen, die geheiligt sind durch den Glauben an mich (Apostelgeschichte 26,12-18).*

Saul war sehr eifrig in seinem Streben nach Gerechtigkeit. Er war ein Pharisäer unter Pharisäern, ein Mann der perfekten Legalität. In seinem Eifer lag eine Ironie. Je heftiger er sein Ziel verfolgte, um so mehr geriet er in Opposition zu dem Wirken Gottes. Nicht als ob Gott etwas gegen das Streben nach Gerechtigkeit hätte. Wir sind ja aufgefordert, nach Gerechtigkeit zu trachten. Aber Gott steht den Hochmütigen und Arroganten entgegen, den in Selbstgerechtigkeit Aufgeblasenen. Obwohl Saul davon überzeugt war, für Gott zu kämpfen, focht er in Wirklichkeit gegen ihn. In diesem tragischen Kampf mußte unweigerlich eine Konfrontation mit dem Christus erfolgen, den er bekämpfte.

Einer der Namen, unter denen Gott im Alten Testament offenbart wird, ist *El Schaddai.* Der Name bedeutet „der Donnernde" oder „der Allmächtige, Beherrschende". Unter diesem Namen erschien Gott dem Hiob. Und diesem Namen gemäß war die Erfahrung, die Hiob machte; er erlebte die furchteinflößende Macht des Allerhöchsten, der über alle Menschen herrscht, aber selbst von niemandem beherrscht wird. Saul begegnete dem Allmächtigen, dem alles Beherrschenden auf der Straße nach Damaskus.

Saul beschrieb seine Erfahrung auf der einsamen Straße mit der Erscheinung eines blendenden Lichtes. Die Wüstenstraße, auf der er und seine Begleiter sich befanden, war zur Mittagszeit in gleißendes Licht getaucht. Jedes andere Licht, das gegen dieses intensive Sonnenlicht wahrnehmbar war, muß außerordentlich hell gewesen sein. Saul beschrieb es als Licht, das heller als die Sonne schien, und als „ein Licht vom Himmel".

Unter „Himmel" haben wir hier nicht das zu verstehen, was wir auch als Firmament oder Himmelsgewölbe bezeichnen, also das, was wir über uns sehen. Die Sonne scheint ja von diesem sichtbaren Himmel. Also muß Saul etwas anderes gemeint haben, nämlich die Gegenwart der himmlischen Herrlichkeit Gottes. Gottes Herrlichkeit ist die Offenbarung, das Sichtbarmachen seiner Heiligkeit. Der Glanz seiner Herrlichkeit ist so strahlend, daß er die hellste Mittagssonne verdunkelt. In der Offenbarung lesen wir von der Erscheinung des neuen Jerusalem, der Stadt, die vom Himmel herunterkommt:

*Ich sah keinen Tempel darin; denn der Herr, der allmächtige Gott, ist ihr Tempel, er und das Lamm. Und die Stadt bedarf keiner Sonne noch des Mondes, daß sie ihr scheinen; denn die Herrlichkeit Gottes erleuchtet sie, und ihre Leuchte ist das Lamm (Offenbarung 21,22-23).*

Das neue Jerusalem hat keine Sonne, weil es keine benötigt. Die Herrlichkeit Gottes und seines Christus erleuchten sie. Saul erblindete durch diese Herrlichkeit. Was geschieht, wenn Menschen direkt in die Sonne schauen? Eine Sonnenfinsternis ist ein seltenes Ereignis, und die meisten Menschen möchten sich dieses Naturschauspiel ansehen. Es ist aber gefährlich, selbst die verdunkelte Sonne mit ungeschützten Augen zu betrachten. Wir können unseren Augen damit ernsthaften Schaden zufügen. Wenn wir also selbst die verfinsterte Sonne nicht mit bloßem Auge ansehen können, wie hell muß dann der Glanz sein, der selbst die hellste Mittagssonne als dunkles Gestirn erscheinen läßt? Die Herrlichkeit Gottes erstrahlt in einer Helligkeit, die das Licht aller Sonnen weit übertrifft.

Kein Engel erschien, um mit Saul zu kämpfen. Aber eine überirdische Gewalt warf ihn zu Boden. In demselben Augenblick war er plötzlich blind. Da war keine Vorwarnung, nichts war gewesen, was ihn auf ein außergewöhnliches Geschehen hätte aufmerksam machen können; er wurde von höchster Gewalt zu Boden geworfen.

Mit dem großen Licht vom Himmel kam eine Stimme, die an anderer Stelle mit großem Wasserrauschen verglichen wird. Die Stimme redete Saul persönlich an, in der Form der Wiederholung seines Namens: „Saul, Saul!" In derselben Weise hatte Gott einst Moses angeredet und auch Abraham, als er ihm auf dem Berg Morija zurief, seinen Sohn zu verschonen. Auf gleiche Weise rief Jesus in seiner dunkelsten Stunde seinen Vater an.

„Saul, Saul, warum verfolgst du mich?" Die Stimme fragte nicht, warum Saul die Gemeinde verfolge. Nein, es ging um Christus. Der Angriff auf die Gemeinde ist ein Angriff auf Christus. Die Stimme sagte weiter: „Es wird dir schwer sein, gegen den Stachel auszuschlagen!" Das Holz, das hinter den Zugtieren am Wagen befestigt war, wurde mit eisernen Stacheln gespickt, um widerspenstige Zugtiere am Ausschlagen zu hindern. Kein Zugochse würde auf die Dauer gegen die Stachel ausschlagen und sich auf diese Weise ständig selber Schmerzen zufügen.

Die Stimme sagte gleichsam: „Sei nicht wie ein dummer Ochse, der ständig gegen den Stachel schlägt. Merkst du nicht, daß du nicht gewinnen kannst? Dein Kampf ist nutzlos. Es ist Zeit, sich zu unterwerfen." Sauls Antwort bestand in einer einfachen, aber inhaltsschweren Frage: „Wer bist du, Herr?" Saul kannte die Identität des Einen nicht, der ihn gerade überwältigt hatte. Aber über eines war er sich im klaren: Wer immer es sein mochte, er war Herr.

In diesem Erlebnis wurde aus Saul ein Paulus, ebenso wie aus Jakob Israel wurde. Die Schlacht war vorbei. Saul hatte mit Gott gekämpft und verloren. So wie Jesaja empfing er hier seinen Ruf, seine Berufung zum Apostelamt. Sein Leben war verändert worden, und damit änderte sich der Lauf der Weltgeschichte. In der Niederlage fand Paulus Frieden.

Nachdem er dem König Agrippa diese Geschichte erzählt hatte, fügte er noch die Worte hinzu: „Daher, Agrippa, war ich der himmlischen Erscheinung nicht ungehorsam." Wenn Saul im Kampf gegen Christus großen Eifer entwickelt hatte, so wurde er nun im Kampf für Christus noch eifriger. Es war ihm eine Vision von der Heiligkeit Gottes mit solcher Intensität zuteil geworden, daß er sie nie wieder vergaß. In seinen späteren Briefen versuchte er immer wieder, seinen Lesern die absolute Heiligkeit Gottes zu zeigen und was das für unser Leben bedeutet. Er wurde ein Mensch, der verstehen lernte, was es heißt, gerechtfertigt zu sein. Für ihn war der heilige Krieg vorbei, er war in den heiligen Frieden eingegangen. Er wurde der Apostel, der mit seinen Schriften Martin Luther in seinem Kloster aufweckte. Er wurde der Apostel, der es verstand, den Menschen, die nach ihm kamen, den Weg zum dauernden Frieden mit Gott zu zeigen.

Der Kampf, den wir Menschen mit dem heiligen Gott führen, liegt in dem Konflikt zwischen Gottes Gerechtigkeit und unserer Ungerechtigkeit begründet. Gott ist gerecht, und wir sind ungerecht. Daraus entsteht im Menschen Angst, Feindschaft und schließlich Zorn gegen Gott. Die ungerechte Person sucht nicht die Gegenwart eines gerechten Richters. Wir werden zu Ausreißern, die vor der Gegenwart des Einen fliehen, dessen Herrlichkeit wir nicht ertragen können und dessen Gerechtigkeit uns verdammt. Wir stehen auf Kriegsfuß mit ihm, bis wir Gerechtfertigte sind. Nur ein gerechtfertigter Mensch kann sich in der Gegenwart des heiligen Gottes wohlfühlen.

Paulus zeigt auch den sofortigen Gewinn der Rechtfertigung und die Früchte der Gerechtigkeit auf. Im Römerbrief erklärt er, was mit uns geschieht, wenn wir gerechtfertigt sind, wenn wir durch den Glauben mit der Gerechtigkeit Christi bekleidet sind:

> *Da wir nun gerecht geworden sind durch den Glauben, haben wir Frieden mit Gott durch unseren Herrn Jesus Christus; durch ihn haben wir auch den Zugang im Glauben zu dieser Gnade, in der wir ste-*

*hen, und rühmen uns der Hoffnung der zukünftigen Herrlichkeit, die Gott geben wird (Römer 5,1-2).*

Die erste Frucht unserer Rechtfertigung ist *Frieden mit Gott.* Für die Juden im Altertum war Frieden ein kostbares, aber unzuverlässiges Gut. Die heutigen Unruhen im Nahen und Mittleren Osten muten wie eine Wiederholung der Geschichte des Altertums an. Von dem Tag der Eroberung Kanaans bis zu der Besetzung durch die Römer haben die Israeliten mehr Krieg als Frieden erlebt. Die geographische Lage Palästinas als zentrale Landbrücke zwischen Afrika und Asien machte es nicht nur zum Handelsplatz, sondern auch zu einer Heerstraße. Das kleine Israel stand oft zwischen sich bekämpfenden Großmächten und wurde von ihnen wie ein Pingpongball benutzt.

Die Juden sehnten sich nach Frieden, nach dem Tag, an dem die Schwerter zu Pflugscharen gemacht werden würden. Sie warteten auf die Zeit, wann der Friedensfürst kommen und die ständigen Kriege und Feindschaften beenden würde. Für den Juden war das Streben nach Frieden so wichtig geworden, daß eben dieses Wort *Friede* zum täglichen Gruß geworden war. Wenn wir „Guten Tag" sagen, sagt der Jude „Shalom" - *Friede.* Das ist ein fest integriertes Wort in seiner Sprache.

Grundsätzlich bezog man das Wort *Frieden* auf das Ende militärischer Konflikte. Es hatte aber noch eine tiefere Bedeutung. Der Jude strebte auch nach innerem Frieden, nach der Ruhe der Seele, dem Frieden für den geplagten Geist, nach innerer Harmonie.

Ich erinnere mich gut an einen heißen Sommertag im Jahre 1945, als ich in einer Straße Chikagos Ball spielte. Das Spiel war für mich wichtig, denn ich wollte es unbedingt gewinnen. Ich war daher sehr ärgerlich, als plötzlich Geschrei und Tumult um mich waren, die mein Spiel beendeten. Meine Mutter kam angerannt, nahm mich in ihre Arme, drückte mich, weinte und rief ein ums andere Mal: „Zu Ende! Zu Ende! Zu Ende!"

Mir war nicht ganz klar, was das alles bedeutete. Aber eines war sicher: Der Krieg war zu Ende. Mein Vater würde nach Hause kommen. Es würde keine Feldpostbriefe in ferne Länder mehr geben, keine Kriegsberichte und keine Lebensmittelkarten. Der Krieg war vorbei. Endlich herrschte wieder Frieden.

Diese Augenblicke des Jubels haben einen bleibenden Eindruck in mir hinterlassen. Ich lernte, daß Frieden etwas sehr Wichtiges ist, ein Grund für ungehinderte Freude, wenn er endlich zustande kommt, und für bittere Reue und tiefe Trauer, wenn er genommen ist.

An diesem Tage dachte ich, der Frieden sei für immer eingekehrt. Ich hatte keine Ahnung von der Zerbrechlichkeit des Friedens. Es dauerte nicht lange, bis von Truppenanhäufungen in China, von der nuklearen Bedrohung durch die Russen und von der Blockade Berlins die Rede war. Der Frieden für Amerika war nur von kurzer Dauer. Bald kam der Krieg in Korea, dann in Vietnam.

Zerbrechlich. Unbeständig. Schwach. Das ist der Zustand des Friedens auf Erden. Friedensverträge scheinen geschlossen zu werden, um sie zu brechen. Wir lernen schnell, uns nicht zu sehr auf sie zu verlassen. Krieg und Unfrieden drängen sich schnell auf. Trotzdem sehnen wir uns nach dauerhaftem Frieden, auf den wir uns verlassen können. Genau das ist der Frieden, den der Apostel Paulus im Römerbrief erklärt.

Wenn unser heiliger Krieg mit Gott vorbei ist, wenn wir gerechtfertigt sind durch den Glauben, dann ist der Krieg für immer vorbei. Mit der Reinigung von unseren Sünden und der Proklamation der göttlichen Vergebung sind wir einen Friedensvertrag mit Gott eingegangen, der ewige Gültigkeit besitzt. Die erste Frucht unserer Rechtfertigung ist Frieden mit Gott. Dieser Frieden ist ein heiliger Frieden, ein makelloser, die irdischen Erfahrungen übersteigender Frieden. Es ist ein Frieden, der nicht zerstört werden kann.

Wenn Gott einen Friedensvertrag unterzeichnet, dann hat er ewige Gültigkeit. Dann ist der Krieg für immer vorbei. Natürlich sündigen wir danach noch, wir rebellieren auch noch, wir vollbringen noch gottesfeindliche Taten. Aber Gott läßt sich nicht in den Krieg mit uns hineinziehen. Wir haben einen Fürsprecher beim Vater, einen Mittler, der den Frieden erhält. Er regiert auch den Frieden, weil er beides ist: der Friedensfürst und *unser* Frieden.

Wir werden nun Kinder Gottes genannt, ein Titel, der denen geschenkt wird, die zum Frieden bereit sind. Unsere Sünden werden nun von einem liebenden Vater gerichtet. Wir haben Frieden. Er ist unser Besitz, besiegelt und garantiert durch Christus.

Unser Frieden mit Gott ist nicht zerbrechlich. Wenn wir sündigen, gefallen wir Gott nicht, und er wird uns korrigieren und uns der Sünde überführen. Aber er führt keinen Krieg gegen uns. Sein Bogen ist nicht mehr gespannt, und der Pfeil seines Zornes trifft uns nicht. Er rasselt nicht jedesmal mit dem Säbel, wenn wir den Vertrag brechen.

Der Frieden der Rechtfertigung ist nicht nur nach außen, auf andere Menschen gerichtet, sondern in Christus wird auch die tiefe Sehnsucht nach innerem Frieden gestillt. Es war der Kirchenvater Augustin, der einmal betete: „O Gott, du hast uns zu dir hin geschaffen, und unsere Herzen sind ruhelos, bis wir Ruhe gefunden haben in dir." Wir alle kennen diese innere Ruhelosigkeit. Wir kennen das nagende Gefühl der Leere und der Schuld. Es ist die Folge der Entfremdung von Gott. Ist aber der Frieden einmal geschlossen, wird die schreckliche Leere ausgefüllt, und unsere Herzen können stille sein.

Das Neue Testament spricht von dem Frieden, der jedes Verstehen übersteigt. Es ist der Frieden, den nur Christus schenken kann. Es ist der Frieden, den Christus selbst besitzt. Als Christen sind wir die Erben Christi. In Matthäus 25,34 lesen wir, daß der König zu seinen Getreuen sagen wird: „Kommt her, ihr Gesegneten meines Vaters, ererbt das Reich, das euch bereitet ist von Anbeginn der Welt!" Das Reich ist nicht das einzige Erbe, das Christen antreten werden. Christus vermacht uns auch seinen Frieden:

*Den Frieden lasse ich euch, meinen Frieden gebe ich euch. Nicht gebe ich euch, wie die Welt gibt. Euer Herz erschrecke nicht und fürchte sich nicht (Johannes 14,27).*

Dieses Geschenk ist anders als die Geschenke der Welt. Es stehen keine versteckten Motive dahinter. Keine unheilvollen Bedingungen sind daran geknüpft. Er gibt uns seinen Frieden vollkommen ohne Eigennutz, nur zu unserem Besten. Es ist ein Geschenk aus einer anderen Welt, und es gehört uns für immer.

Frieden ist nur eine unmittelbare Frucht der Rechtfertigung. Zu dem Frieden kommt noch etwas hinzu: *Zutritt.* Dieses Wort ist entscheidend für jeden, der je mit dem heiligen Gott gekämpft hat. Wir alle kennen Tafeln in unserer Umgebung, auf denen zu lesen ist: „Kein Zutritt" oder: „Zutritt verboten". Einmal wurde in der Menschheitsgeschichte eine solche Verbotstafel vor den Eingang zum Paradies gesetzt. Und im Alten Testament war dem Volk Israel der Zutritt zu dem Allerheiligsten untersagt. Selbst der Hohepriester hatte nur einmal im Jahr bedingten Zutritt. Ein dicker Vorhang trennte das Allerheiligste von dem übrigen Tempel ab. Zutritt verboten! Sperrgebiet! Selbst für die oberste Klasse.

In dem Augenblick, als Jesus starb, zerriß der Vorhang im Tempel. Der Zugang in die Gegenwart Gottes war für die Menschen frei geworden. Das Verbotsschild zum Eingang vom Paradies war hinweggetan. Wir haben nun Zutritt zu dem „heiligen Land". Wir haben Zugang zu seiner Gnade. Ja, mehr noch, wir haben Zugang zu ihm selbst. Die Gerechtfertigten brauchen zu dem Heiligen nicht mehr zu sagen: Gehe hinaus von mir, ich bin ein sündiger Mensch. Wir können uns nun wohl fühlen in der Gegenwart des heiligen Gottes. Wir können ihm unsere Fragen vorlegen. Er ist nicht ferne von uns, er hört unser Schreien. Wir kommen als solche, die in Christus gerechtfertigt sind. Ich wiederhole: *Wir können uns wohl fühlen in der Gegenwart Gottes.* Wir kommen in Ehrfurcht, in dem Geist der Ehrerbietung und Anbetung, aber die herrliche, frohe Botschaft ist die, daß wir kommen dürfen:

*Weil wir denn einen großen Hohenpriester haben, Jesus, den Sohn Gottes, der die Himmel durchschritten hat, so laßt uns festhalten an dem Bekenntnis. Denn wir haben nicht einen Hohenpriester, der nicht könnte mit leiden mit unserer Schwachheit, sondern der versucht worden ist in allem wie wir, doch ohne Sünde. Darum laßt uns hinzutreten mit Zuversicht zu dem Thron der Gnade, damit wir Barmherzigkeit empfangen und Gnade finden zu der Zeit, wenn wir Hilfe nötig haben (Hebräer 4,14-16).*

Wir sind eingeladen, mit Zuversicht vor den Thron der Gnade zu kommen. Andere Übersetzungen sagen auch *Freimütigkeit.* Als Gerechtfertigte können wir freimütig vor Gott hintreten. Freimütigkeit und Zuversicht sind nicht mit Arroganz und Leichtfertigkeit zu verwechseln. Usa war mehr als freimütig, er war leichtfertig und hochmütig. Das Verhalten von Nadab und Abihu hatte nichts mehr mit Zuversicht zu tun, eher mit Mißachtung und Arroganz. Wir können uns freimütig und zuversichtlich Gott nahen. Wir brauchen nicht zurückhaltend und ängstlich zu kommen. Aber wenn wir kommen, müssen wir bedenken, wer Gott ist und wer wir sind.

Für den Christen ist der heilige Krieg zu Ende. Frieden ist eingekehrt. Der Zugang zum Vater ist uns geschenkt. Allerdings werden wir immer noch vor Gott erzittern. Er ist immer noch heilig. Unser Zittern ist das Erschauern in Ehrfurcht und Verehrung, nicht das Zittern von Feiglingen oder das Erschrecken der Heiden vor jedem Rascheln verdorrter Blätter. Luther erklärte es einmal folgendermaßen: Wir sollen Gott fürchten, nicht mit der knechtigen Furcht eines Gefangenen vor seinem Peiniger, sondern wie Kinder, die ihren geliebten Vater nicht betrüben wollen. Wir kommen zu ihm mit Zuversicht. Wir kommen zu ihm in Freimütigkeit. Wir haben Zugang zu ihm. Wir haben heiligen Frieden.

*Apollyon gib Acht, was du tust;*
*denn ich bin auf dem Weg des Königs,*
*dem Weg der Heiligung;*
*gib deshalb Acht auf dich selbst.*

John Bunyan

# Ihr sollt heilig sein

In der Urgemeinde wurden die Christen auch Heilige genannt. Seit dieser Zeit hat sich die Bedeutung des Wortes stark verändert. Heute verbindet man damit das Bild eines äußerst gerechten Menschen, einer Person von außergewöhnlicher Frömmigkeit und geistlicher Kraft. Die römisch-katholische Kirche hat daraus einen Titel für Menschen gemacht, die in eine spezielle Liste von geistlichen Helden und Heldinnen aufgenommen werden.

Die Bibel bezeichnet alle Christen als Heilige. Jeder, der zum Volk Gottes gehört, erfreut sich dieses Titels. Es wirkt befremdend auf uns, daß Gläubige, die noch mit allen möglichen Sünden zu kämpfen haben, Heilige genannt werden. Wenn wir die Briefe des Apostels Paulus lesen, verwirrt es uns manchmal, daß er seine Leser als Heilige anredet und sie dann wegen ihres falschen und sündigen Verhaltens tadelt. Die Heiligen der Bibel werden so genannt, weil Gott sie abgesondert und zur Reinheit berufen hat, nicht weil sie von sich aus gut wären. Das Wort *heilig* hat, wenn es auf Menschen angewandt wird, dieselbe zweifache Bedeutung wie bei der Wesensbeschreibung Gottes. Erinnern wir uns daran, was wir in einem früheren Kapitel über die Bedeutung der Heiligkeit Gottes festgehalten haben. Erstens zeigt der Begriff, daß Gott völlig anders ist als wir – abgesondert von uns –, und zweitens wird damit auf seine absolute Reinheit hingewiesen. Aber wir sind nicht Gott; wir sind nicht überirdisch und ganz bestimmt nicht rein. Wie kann uns denn die Bibel als Heilige bezeichnen? Um diese Frage zu beantworten, müssen wir in das Alte Testament zurückgehen. Als Gott die Israeliten aus der ägyptischen Gefangenschaft führte, machte er eine Nation aus ihnen und sonderte sie von den anderen Nationen ab. Er nannte sie sein auserwähltes Volk und gab ihnen einen bestimmten Auftrag. Er sagte zu ihnen: „Ihr sollt heilig sein, denn ich bin heilig" (3. Mose

11,45). Dieser spezielle Ruf an Israel war eigentlich nichts Neues. Er begann nicht mit Mose, nicht einmal mit dem Erzvater Abraham. Der Auftrag zur Heiligkeit war schon Adam und Eva gegeben worden. Es war die ursprüngliche Aufgabe des Menschen, heilig zu sein. Wir waren im Ebenbild Gottes erschaffen. Gottes Ebenbild zu sein bedeutet unter anderem, Spiegel und Reflektor des göttlichen Charakters zu sein. Der Mensch wurde erschaffen, um der Welt die Heiligkeit Gottes zu zeigen.

Als Kind wurde ich in dem Westminster Katechismus unterwiesen. Die erste Frage darin heißt: Was ist das Ziel des Menschen? Die Antwort lautet: Das Ziel des Menschen ist es, Gott zu verherrlichen und sich in Ewigkeit seiner Gegenwart zu erfreuen.

Als Junge hatte ich Schwierigkeiten mit dieser Aussage. Für mich paßten die zwei Teile der Antwort nicht zusammen. Ich konnte nicht sehen, was Freude mit der Verherrlichung Gottes zu tun haben sollte. Ich erkannte, daß die Verherrlichung Gottes etwas mit Gehorsam gegenüber seinem heiligen Gesetz zu tun hatte. Und das sah mir nicht nach Freude aus. Ich wußte bereits um den Konflikt zwischen meinem eigenen Vergnügen und dem Gehorsam gegen Gottes Gesetz. Im Unterricht zitierte ich pflichtgemäß die geforderte Antwort, aber mir fehlte das Verstehen. Ich sah Gott eher als Hindernis zur Freude. Ihn zu verherrlichen als Ziel meines Lebens - das war nicht nach meinem Sinn. Ich denke, Adam und Eva hatten da auch ihre Schwierigkeiten.

Es war mein großes Problem in meiner Jugend, daß ich den Unterschied zwischen Freude und Vergnügungen nicht verstand. Ich würde hier gerne berichten, daß ich in meinem Leben als Erwachsener die kindischen Dinge abgelegt habe. Das ist leider nicht so. Es gibt immer noch kindische Dinge, an denen ich als Erwachsener festhalte. Ich kämpfe immer noch mit dem Unterschied zwischen glücklich sein und sich vergnügen. In meinem Kopf ist der Unterschied klar, aber nicht in meinen Gefühlen.

Ich habe viele Sünden in meinem Leben begangen. Keine einzige hat mich je glücklich gemacht. Im Gegenteil, ich bin sehr unglücklich dadurch geworden. Es ist mir immer wieder unverständlich, wie viele prominente Persönlichkeiten in Fernseh- und Zeitschrifteninterviews erklären können, daß sie nichts in ihrem Leben ändern würden, wenn sie es noch einmal beginnen könnten. Soviel Torheit ist mir unbegreiflich. Es gibt vieles in meiner Vergangenheit, was ich anders machen möchte, wenn ich mein Leben noch einmal leben könnte.

Meine Sünden haben mir kein Glück und keine Freude gebracht, wohl aber Vergnügen. Ich liebe das Vergnügen. Vergnügen kann Freude sein; nicht alles Vergnügen ist Sünde. Man kann auch Vergnügen in der

Gerechtigkeit finden. Aber der Unterschied bleibt bestehen. Sünde kann Vergnügen bereiten, aber nie glücklich machen.

Wieso kann mich nun die Sünde reizen, wenn ich doch dies alles erkenne? Es scheint doch lächerlich zu sein, daß jemand, dem der Unterschied zwischen wirklichem Glück und bloßem Vergnügen klar ist, sein Glück gegen Vergnügen eintauscht. Völlig töricht kommt es einem vor, daß jemand etwas tut, von dem er weiß, daß es ihn seiner Glückseligkeit berauben wird. Trotzdem tun wir es. Die Sünde ist nicht nur schlecht und wirkt nicht nur zerstörend, sie wirkt auch noch verdummend.

Viele Jahre habe ich Zigaretten geraucht. Hunderte von Leuten haben mich darauf aufmerksam gemacht, daß das Rauchen schädlich ist. Sie zeigten mir nur, was jeder Raucher heute ohnehin weiß. Auch ich wußte, daß es schädlich ist, lange ehe ich Christ wurde. Ich wußte es seit meiner ersten Zigarette. Trotzdem rauche ich immer weiter. Purer Irrsinn. Genau das ist es, was Sünde im tiefsten Grunde ist.

Haben Sie je Dinge getan, nur weil Sie sich danach fühlten, obwohl Sie genau wußten, daß es verkehrt ist? Wir alle fallen in diesen Hinterhalt. Wir handeln nach unseren Gefühlen, nicht nach unserem Wissen. Kein Wunder, daß Paulus ausrief: „Ich elender Mensch! Wer wird mich erlösen von dem Leibe dieses Todes?" (Römer 7,24)

Wir sind dazu berufen, heilig zu sein. Aber wir sind es nicht. Das ist unser Problem. Nun sind wir wieder bei der Frage: Warum bezeichnet uns die Bibel als Heilige, wenn wir gar nicht heilig sind?

Aus zwei Gründen bezeichnet die Heilige Schrift die Christen als Heilige. Erstens, weil sie Gott geweiht sind. Das heißt, sie sind abgesondert. Sie sind dazu berufen, anders zu leben, als der Mensch natürlicherweise lebt. Das Leben des Christen ist ein Leben des Nonkonformismus. Dieser Gedanke kommt im Römerbrief deutlich zum Ausdruck:

> *Ich ermahne euch nun, liebe Brüder, durch die Barmherzigkeit Gottes, daß ihr eure Leiber gebet zum Opfer, das da lebendig, heilig und Gott wohlgefällig ist. Das sei euer vernünftiger Gottesdienst. Und stellet euch nicht dieser Welt gleich, sondern verändert euch durch Erneuerung eures Sinnes, auf daß ihr prüfen möget, was Gottes Wille ist, nämlich das Gute und Wohlgefällige und Vollkommene (Römer 12,1-2).*

Im Alten Testament konzentrierte sich der Gottesdienst um den Altar mit dem Opfer, das Gott dargebracht wurde. Die meisten dieser Opfer waren Sündopfer. Das Tieropfer besaß in sich keine Macht, die Sünden zu sühnen. Diese Opfer waren Symbole, die auf das eine große Opfer hinwiesen, das am Kreuz geschehen sollte. Nachdem das vollkommene Lamm geschlachtet war, hörten die Opferungen auf dem Altar auf. Die Gemeinde der Christen hat keine Vorrichtung für Tieropfer, weil dafür keine Notwendigkeit mehr besteht. Heute noch Tieropfer zu bringen wäre eine Beleidigung und Beschimpfung des vollkommenen Opfers Christi.

Weil die Zeiten der Tieropfer vorbei sind, meinen viele Leute, Gott verabscheue alle Opfer. Aber das stimmt nicht. Der Apostel ruft zu einer neuen Art von Opfer auf, dem lebendigen Opfer unseres Lebens. Die Opferung unserer Tiere und unseres Einkommens ist hier nicht gefragt, wir sollen vielmehr uns selbst Gott zum Opfer geben. Dieses neue Opfer ist kein Sühnopfer, auch kein Sündopfer. Die Hingabe unseres Lebens ist ein Dankopfer.

In den Kapiteln vorher hat Paulus in seinem Brief an die Römer das Rettungswerk Christi für uns sorgfältig beleuchtet und erklärt. Im Lichte dieser gnadenvollen Rechtfertigung, die Christus für uns erworben hat, können wir eigentlich nur in Anbetung und Dankbarkeit uns selbst Gott ganz und gar als lebendiges Opfer zur Verfügung stellen.

Wie sieht dieses lebendige Opfer aus? Zunächst beschreibt es Paulus als nichtkonformes Leben: „Stellet euch nicht dieser Welt gleich." An diesem Punkt schlagen viele Christen einen falschen Weg ein. Es ist klar, daß wir Nonkonformisten sein sollen. Aber es ist nicht so einfach, genau zu verstehen, was in diesem Falle damit gemeint ist. Nonkonformismus ist eine trügerische Angelegenheit und kann leicht zur Oberflächlichkeit entarten.

Es ist tragisch, daß auch von Christen die Angelegenheit oft nur oberflächlich bedacht wird. Der einfachste Weg des Nonkonformismus besteht darin, das Gegenteil von dem zu tun, was gerade Mode ist. Ist kurzes Haar der letzte Schrei, so trägt man sein Haar eben lang. Ist Kinogehen populär, dann vermeiden Christen den Kinobesuch als weltliches Tun. Ein Extrem davon können wir bei manchen Glaubensgemeinschaften beobachten, die keine Knöpfe an ihrer Kleidung tragen und keine Elektrizität benutzen, weil das weltliche Dinge sind.

Eine oberflächliche Art von Nonkonformismus ist die Fußangel des Pharisäertums. Das Reich Gottes besteht nicht in Knöpfen, Kino oder Tanzvergnügungen. Die Belange Gottes drehen sich nicht um Essen und Trinken. Bei dem Ruf nach Nonkonformismus der Christen geht es um eine viel tiefere Gerechtigkeit, die über diese äußerlichen Dinge weit hinausgeht. Wenn Frömmigkeit ausschließlich an äußeren Angelegenheiten erklärt wird, geht man an der Lehre der Schrift vorbei. Dann haben wir gar nicht gehört, was Jesus sagen will, wenn er seinen Zuhörern erklärt, daß nichts, was in den Mund hineingeht, den Menschen verunreinigt, sondern das, was aus dem Munde herauskommt. Wir wollen das Reich Gottes oft nur noch auf „Essen und Trinken" beschränken.

Warum nehmen solche Verdrehungen in christlichen Kreisen überhand? Die einzige Antwort, die ich geben kann, ist: die Sünde. Unsere Kennzeichen von Frömmigkeit können in Wirklichkeit Beweise von Gottlosigkeit sein. Wenn wir Nebensächlichkeiten zum Wesen des Christseins machen, imitieren wir die Pharisäer. Wenn wir Tanzen und Kinogehen zum Prüfstein der geistlichen Gesinnung erheben, setzen wir eine billige Moral an die Stelle echter Gewissenhaftigkeit. Wir tun das, um die viel tiefer gehende Forderung nach Gerechtigkeit zu verdunkeln. Jedermann kann Tanzen und Kinobesuche vermeiden. Das erfordert keine moralische Anstrengung. Viel schwieriger ist es, die Zunge im Zaum zu halten, rechtschaffen zu handeln und die Früchte des Geistes hervorzubringen.

Ich habe noch nie eine Predigt über Begierde und Habsucht gehört, aber viele über Whisky und die Auswirkungen der Trunksucht. Seltsam! Um hier ganz klar zu sein: die Bibel bezeichnet Trunkenheit als Sünde. Aber nicht einmal in den Zehn Geboten finden wir diese Untugend aufgezählt, was wir dagegen finden, ist das Verbot der Begehrlichkeit. Ein wirklicher Nonkonformist ist ein Mensch, der nicht nach seinen Begierden lebt, der aufhört, Übles über andere zu reden, der seine Faulheit aufgibt, der aufhört zu hassen und bittere Gefühle zu nähren, der anfängt, die Früchte des Geistes zu praktizieren.

Jesus tadelte die Pharisäer, weil es sich in ihrem Leben und ihren Lehren vorwiegend um äußere Dinge drehte:

> *Weh euch, Schriftgelehrte und Pharisäer, ihr Heuchler, die ihr verzehntet Minze, Dill und Kümmel und lasset dahinten das Wichtigste im Gesetz, nämlich das Recht, die Barmherzigkeit und den Glauben! Dies sollte man tun und jenes nicht lassen. Ihr blinden Führer, die ihr Mücken seihet und Kamele verschluckt! (Matthäus 23,23-24)*

Jesus tadelte die Schriftgelehrten und Pharisäer, weil sie die wichtigen Angelegenheiten vernachlässigten und den nebensächlichen höchste Bedeutung beimaßen. Jesus machte auch klar, daß es nicht um entweder – oder ging, sondern daß alles beachtet werden sollte. Der Zehnte sollte gezahlt werden, aber nicht als Ersatz für ein Leben in Gerechtigkeit, Freundlichkeit und Barmherzigkeit. Die Pharisäer sorgten dafür, daß die äußeren Dinge in Ordnung waren, und ignorierten die geistlichen Angelegenheiten.

Jeder kann Nonkonformist sein um des Nonkonformismus willen, aber ich betone nochmals, daß das eine billige Frömmigkeit ist, unter Umständen sogar Sünde. Zu was wir als Christen schließlich berufen sind, ist mehr als ein nonkonformes Leben. Wir sind dazu berufen, umgeformt, transformiert zu werden. Konform und transformieren haben den gleichen Wortstamm, nur die Vorsilben sind verschieden. Die Vorsilbe *kon* bedeutet *mit*. Konform sein heißt also, mit etwas sein, dabeisein. Von einem Nonkonformisten kann man dagegen sagen, daß er außerhalb von etwas steht. Falls es unser Ziel als Christen ist, außerhalb zu stehen, fürchte ich, daß wir darin recht erfolgreich sind.

Die Vorsilbe *trans* heißt *über* oder *weiter*, darüber hinaus. Wenn wir transformiert oder umgeformt werden sollen, so bedeutet das, daß wir uns über die Form und Struktur dieser Welt erheben sollen. Wir sollen nicht dem Lauf der Welt folgen, sondern diesen Lauf durchbrechen und uns zu einer höheren Form erheben lassen. Das ist ein Ruf zu außerordentlicher Vortrefflichkeit, zu Vollkommenheit, nicht zu einer schlampigen Außenseiterhaltung. Der Christ, der sich selbst als lebendiges Opfer hingibt und auf diese Weise in Wahrheit Gottesdienst hält, ist ein Mensch mit einem hohen Standard von Disziplin. Eine oberflächliche Form von Gerechtigkeit kann ihm nicht genügen. Ein „Heiliger" ist gerufen zu konsequentem Streben nach dem Reich Gottes und seiner Gerechtigkeit. Er ist gerufen zu tiefem geistlichem Verstehen.

Die Methode zum Umformen des Lebens ist die Erneuerung unseres Sinnes. Das bedeutet nicht mehr und nicht weniger als Erziehung, ernsthafte, tiefgreifende Erziehung, disziplinierte Erziehung in den Angelegenheiten Gottes. Dazu müssen wir das Wort Gottes verstehen lernen. Wir müssen Menschen sein, deren Leben sich verändert, weil ihr Denken und Streben sich geändert hat.

Wirkliche Umformung setzt ein neues Verständnis von Gott, den Menschen und der Welt voraus. Am Ende sollen wir einmal umgeformt sein in das Bild Christi. Wir sollen sein wie Jesus, allerdings nicht in dem Sinn, daß wir Gott wären.

Um so zu werden wie Jesus, müssen wir anfangen zu denken wie er. Wir müssen das als wertvoll erachten, was auch unser Meister als wertvoll ansieht, und die Dinge verschmähen, die er verschmäht. Wir müssen unsere Prioritäten nach ihm ausrichten und das für wichtig halten, was auch ihm wichtig ist.

Das kann nicht ohne Kenntnis seines Wortes geschehen. Der Schlüssel zu geistlichem Wachstum ist eine tiefgreifende Umerziehung, und das setzt ernsthafte Opferbereitschaft voraus.

Das ist die Berufung zur Vollkommenheit, die der Christ empfangen hat. Wir sollen nicht wie die Menschen leben, die mit einem oberflächlichen Verständnis Gottes zufrieden sind. Wir sollen nicht mit der geistlichen Milch zufrieden sein, sondern nach fester Speise verlangen (Hebräer 5,12-14).

Ein Heiliger zu sein bedeutet aber noch mehr, als nur abgetrennt von der Welt zu leben. Es heißt auch, in einem lebendigen Prozeß der Heiligung zu stehen. In diesem Prozeß geht es um tägliche Reinigung. Wer gerechtfertigt ist, muß auch geheiligt werden. Ein Heiliger ist gerecht, aber gleichzeitig noch sündig.

Daß ein Heiliger noch sündigt, ist offensichtlich. Wieso kann er dann gerecht sein? Er ist gerecht, weil er gerechtfertigt wurde. Luther spricht von dem gerechtfertigten Sünder. In sich und von sich selbst ist er nicht gerecht. Er ist gerecht gemacht worden in den Augen Gottes durch die Gerechtigkeit Christi. Das ist es, was Rechtfertigung aus Glauben bedeutet. Wenn wir unser Vertrauen für unsere Errettung einzig und allein auf Christus setzen, dann zahlt Gott auf unser Konto die ganze Gerechtigkeit Christi ein. Seine Gerechtigkeit wird die unsere, wenn wir ihm ganz und gar vertrauen. Das ist eine rechtskräftige Transaktion, die Gott vornimmt, während wir noch Sünder sind.

Klingt das nicht wie Betrug? Gott betrachtet uns als gerecht, obwohl wir das von uns aus keineswegs sind! Nein, es ist kein Betrug! Es ist die Frohe Botschaft, daß wir einen ausreichenden Betrag von Gerechtigkeit auf unserem Konto haben, mit dem wir vor dem Richterstuhl des gerechten und heiligen Gottes erscheinen können. Es ist die Gerechtigkeit Christi, die durch den Glauben unser Eigentum wird. Das ist kein betrügerisches Spiel. Die genannte Transaktion ist Realität. Gottes Erklärung hat Gültigkeit. Er steht zu seinem Wort. Die Gerechtigkeit Christi ist wirklich und wahrhaftig die unsere geworden, wenn wir dieses Geschehen für uns angenommen haben. Gott sieht uns als Gerechte, weil wir mit der Gerechtigkeit Christi bekleidet worden sind. Es ist nicht nur einfach so, daß Christus durch seinen Tod unsere Schuld bezahlt hat. Er hat nicht nur unsere Sünden und Schulden und unsere Unwürdigkeit auf sich genommen. Er schenkt uns auch noch etwas: seinen Gehorsam, seinen Zugang zum Vater und seine Würdigkeit. Das ist die einzige Möglichkeit für einen ungerechten Menschen, in der Gegenwart des gerechten und heiligen Gottes zu stehen.

Die Transaktion der Gerechtigkeit ist von Gefahr bedroht. Sie wird leicht verwechselt und gefährlich mißbraucht. Manche Leute nehmen an, wenn man an Christus glaubt, brauche man sich um eine Veränderung seines Lebens nicht zu kümmern. Die Rechtfertigung im Glauben wird als Aufforderung zum Sündigen gesehen. Warum sollen wir uns um eine Änderung unserer sündhaften Wege bemühen, wenn uns doch die Gerechtigkeit Christi schon zugesprochen ist? Wenn unsere guten Werke uns nicht in den Himmel bringen, warum sollen wir denn überhaupt welche vollbrinnen? Ein in Wahrheit Gerechtfertigter kann so nicht sprechen.

Wir werden zwar allein durch Glauben gerecht, aber nur durch einen lebendigen Glauben. Glaube ohne Werke ist tot (Jakobus 2,17). Ein lebendiger Glaube bringt sofort Früchte der Buße und Gerechtigkeit hervor. Wenn ein Mensch sagt, er hat Glauben, und es folgen keine Werke, so ist das der Beweis, daß sein Glaube nicht echt ist. Echter Glaube zeitigt Übereinstimmung, Konformität mit Christus. Wenn ein Mensch gerechtfertigt worden ist, wird diesem Akt ganz gewiß der Prozeß der Heiligung folgen. Wenn es keine Heiligung gibt, so zeigt das nur, daß keine Rechtfertigung stattgefunden hat.

Wenn wir glauben, erfolgt sofort die Rechtfertigung. Gott wartet nicht auf unsere guten Werke, um uns dann für gerecht zu erklären. Als Sünder, nicht als Gerechte, werden wir gerecht gesprochen.

Wieviel Zeit vergeht, ehe ein gerechtfertigter Sünder anfängt, rein zu werden? Keine! Zwischen unserer Rechtfertigung und dem Beginn unserer Heiligung steht keine Zeit. Aber es vergeht viel Zeit zwischen unserer Rechtfertigung und der Vervollkommnung der Heiligung.

Luther benutzte ein einfaches Beispiel, um diesen Tatbestand zu erklären. Er beschrieb den Zustand eines Menschen, der an einer tödlichen Krankheit litt. Der Arzt erklärte, er habe eine Medizin, die ganz sicher zur Heilung führen würde. In dem Augenblick, in dem der Patient die Medizin einnahm, erklärte der Arzt ihn für geheilt. War der Mensch tatsächlich so schnell geheilt worden? Nein! Aber der Heilungsprozeß hatte begonnen. So ist es mit unserer Heiligung. In dem Augenblick, in dem wir wirklich glauben und gerechtfertigt sind, beginnt unsere Besserung. Der Prozeß unserer Reinigung und Heiligung hat angefangen, und Gott garantiert die zukünftige völlige Heilung.

Das Ziel des Wachstums eines Christen ist Gerechtigkeit. Diese Behauptung mag manchen heutigen Christen zu extrem klingen. Man redet selten über Gerechtigkeit. Man redet über Ethik, Moral, Gottesfurcht und geistliche Gesinnung. Vielleicht vermeidet man, über Gerechtigkeit zu reden, weil man ja weiß, daß Selbstgerechtigkeit Sünde ist. Das Wort Gerechtigkeit hat einen pharisäischen Klang. Man denkt, man ist geistlicher, wenn man über geistliche Gesinnung statt über Gerechtigkeit redet.

Aber geistlich gesinnt sein ist nicht Selbstzweck, es ist Mittel zum Zweck. Alle geistliche Übung muß Gerechtigkeit zum Ziel haben. Gott ruft uns zum Heilig-Sein. Christus setzt die Priorität für das Leben der Christen: „Trachtet zuerst nach dem Reich Gottes und nach seiner Gerechtigkeit, so wird euch das alles zufallen" (Matthäus 6,33). Das Ziel ist Gerechtigkeit.

Wie können wir nun wissen, ob wir vorankommen in unserem Streben nach Gerechtigkeit? Wie könen wir wissen, ob wir auf dem Weg der Heiligung Fortschritte machen? Die Bibel wirft einiges Licht auf diese Fragen. Der Gerechte ist an seinen Früchten zu erkennen. Er ist ein Mensch, der heilig wird durch die Heiligungskraft des Heiligen Geistes, der in ihm und an ihm arbeitet. Der Heilige Geist weiß, was Heiligkeit ist, und arbeitet, um in uns Heiligkeit hervorzubringen.

Die Früchte der Gerechtigkeit sind Früchte, die der Heilige Geist in uns wirkt. Wenn wir heilig sein wollen, wenn wir Hunger nach Gerechtigkeit haben, müssen wir unsere Aufmerksamkeit auf die Früchte des Heiligen Geistes lenken. Diese Früchte werden uns einmal im Kontrast zu den Werken der Sünde gezeigt:

> *Offenbar sind aber die Werke des Fleisches, als da sind: Unzucht, Unreinigkeit, Ausschweifung, Götzendienst, Zauberei, Feindschaft, Hader, Eifersucht, Zorn, Zank, Zwietracht, Spaltungen, Neid, Saufen, Fressen und dergleichen, von welchen ich euch vorausgesagt habe und sage noch einmal voraus, daß die solches tun, werden das Reich Gottes nicht erben (Galater 5,19-21).*

Der Apostel Paulus wiederholt hier die Warnung Jesu vor dem Verlust des Königreichs Gottes. Menschen, deren Leben von den oben genannten Inhalten gekennzeichnet ist, werden das Reich Gottes nicht erben. Das besagt nicht, daß wir durch jede Sünde, die wir begehen, die ewige Seligkeit verwirken. Paulus redet von einem Lebensstil, von den Gewohnheiten, die unser Leben charakterisieren. Wir sehen an der Liste der Übertretungen, daß sowohl die nach außen sichtbaren als auch die im Inneren begangenen Sünden gemeint sind – Sünden des Leibes, wie auch Sünden der Gedanken.

Die Sünden, die da genannt sind, kann man als schwere und hassenswerte Vergehen bezeichnen. Das Neue Testament kennt Abstufungen der Sünde. Manche Sünden sind schwerwiegender als andere. Dieser wichtige Punkt wird von Christen oft übersehen. Vor allem in den verschiedenen protestantischen Kirchen hat man da Schwierigkeiten. Das mag zum Teil eine Reaktion auf die katholische Lehre von den Todsünden und den läßlichen Sünden sein. Die römisch-katholische Kirche bezeichnet manche Sünden als tödlich, weil sie, nach der Lehre der Kirche, so ernst sind, daß sie die Gnade in uns zerstören. Weniger ernste Vergehen sieht man als läßlich an, weil sie die rettende Gnade in uns nicht zunichte machen.

Wir neigen zu der Meinung, Sünde sei Sünde, und keine sei größer als die andere. Wir denken an die Lehre der Bergpredigt, die besagt, daß es schon Ehebruch ist, wenn ein Mann eine Frau begehrlich ansieht. Wir wissen, daß die Schrift lehrt, jemand sei ein Übertreter des Gesetzes, wenn er nur ein Gebot übertreten hat. Diese beiden biblischen Lehren können uns leicht verwirren, wenn es um die Schwere der Sünde geht.

Als der Herr Jesus sagte, eine Frau begehrlich anzusehen, sei schon Gesetzesübertretung, hat er nicht gesagt oder zu verstehen gegeben, daß die Begierde ebenso schlimm sei wie der tatsächliche Vollzug des Ehebruchs. Der Herr wollte zeigen, daß die volle Bedeutung des Gesetzes über die bloße Vermeidung des tatsächlichen Akts des Ehebruchs hinausgeht. Die

Pharisäer dachten, weil sie keinen tatsächlichen Ehebruch begingen, seien sie wirkliche Täter des Gesetzes. Sie meinten, wenn sie nicht buchstäblich einen Menschen töteten, wären sie an diesem Punkt nicht schuldig geworden. Dabei übersahen sie, daß ungerechter Zorn und Haß in der weiteren Bedeutung des Gesetzes ebenso enthalten waren wie das Verbot des Mordens.

Jesus zeigte, daß Haß Sünde gegen das Leben eines anderen ist. Haß verletzt. Er ist nicht so schwerwiegend wie Mord, aber trotzdem Sünde. Die kleinste Sünde ist eine Übertretung des Gesetzes. Das Gesetz ist der Standard der Heiligkeit für uns. Mit der kleinsten Übertretung sündigen wir gegen diesen Standard; wir verletzen die Berufung zur Heiligkeit. Aber ich betone nochmals, daß nicht alle Sünden gleich schwerwiegend sind. Jesus hat wiederholt sowohl von Abstufungen der Höllenstrafen als auch von Menschen, die größere Schuld als andere tragen, gesprochen.

Den Gedanken von Abstufungen der Sünden müssen wir im Gedächtnis behalten, um den Unterschied zwischen Sünden und schweren Sünden zu verstehen. Für *alle* Sünden brauchen wir Vergebung; das steht außer Frage. Alle unsere Sünden sind Verrat an Gott. Wir brauchen einen Retter, das ist gewiß, ob wir nun „kleine" Sünden begangen haben oder große. Aber manche Sünden sind von größerem Gewicht als andere, und wir müssen herausfinden, welche das sind, damit wir nicht in dieselbe Falle geraten wie die Pharisäer und die kleinen Dinge zum Wesentlichen in unserem Leben erheben.

Bedenken wir nur einmal, welch große Bedeutung heute dem Problem der Übergewichtigkeit beigemessen wird. Es gibt gute Gründe, unser Körpergewicht unter Kontrolle zu halten. Wir wissen, daß Fettleibigkeit ein großes gesundheitliches Problem ist. Wir wissen auch, daß Völlerei Sünde ist. Wenn wir uns bemühen, schlank zu bleiben, so ist das sicher gut. Aber Schlankheit ist nicht das höchste Maß für Heiligkeit. Niemand hat mir je wehgetan, weil er zuviel wiegt, aber viele haben mich schon verletzt, weil sie mich verleumdet haben. Wir geben Geld aus für Schlankheitskuren. Welche Anstrengungen machen wir, um üble Nachrede zu unterlassen? Es gibt Probleme, die schwieriger zu bekämpfen sind als Übergewichtigkeit. Viele Menschen haben gelernt, ihren Appetit zu zügeln. Niemand hat je gelernt, seine Zunge zu bändigen.

Die Frucht des Geistes steht in lebendigem Gegensatz zu den Werken des Fleisches. Die Frucht des Geistes zeigt die Tugenden, die wir in gottesfürchtigen Menschen erkennen und schätzen. Beachten wir die Früchte, die Paulus aufzählt:

> *Die Frucht aber des Geistes ist Liebe, Freude, Friede, Geduld, Freundlichkeit, Güte, Treue, Sanftmut, Keuschkeit (Galater 5,22).*

Das sind Kennzeichen eines Menschen, der in der Heiligung zunimmt. Es sind die Tugenden, nach denen wir streben sollen. Um die Früchte des Geistes hervorzubringen, müssen wir sie praktizieren. Der Geist Gottes ist in uns am Werk, um uns dabei zu helfen, aber wir müssen danach streben, dem Geist gehorsam zu sein und nicht unserem eigenen Wollen.

Mit dieser Liste der Früchte des Geistes gibt uns der Apostel ein Rezept für unsere Heiligung. Wir alle möchten gerne Neues leicht und schnell lernen. Aber im Fortschreiten der Heiligkeit gibt es keinen leichten und schnellen Weg. Die Bibel macht es uns aber leicht zu erkennen, wie Heiligkeit aussieht; sie lehrt uns zu sehen, woran sie zu erkennen ist. Die Frucht des Geistes – da muß unsere Blickrichtung hingehen. Paulus versucht, es uns einfacher zu machen. Der Liste der Tugenden, die die Frucht des Geistes zeigen, fügt er noch einige Gedanken hinzu:

> *Gegen diese ist das Gesetz nicht. Die aber dem Christus angehören, haben das Fleisch samt den Leidenschaften und Begierden gekreuzigt. Wenn wir durch den Geist leben, so laßt uns durch den Geist wandeln. Laßt uns nicht nach eitler Ehre trachten, indem wir einander herausfordern, einander beneiden (Galater 5,23-26).*

*Fast jeder natürliche Mensch,*
*der von der Hölle hört,*
*bildet sich ein,*
*er werde ihr entrinnen.*

Jonathan Edwards

# Gott in den Händen zorniger Sünder

Die vielleicht bekannteste Predigt, die je in Amerika gehalten wurde, ist die von Jonathan Edwards mit dem Titel *Sünder in der Hand eines zornigen Gottes.* Sie wurde nicht nur in vielen Predigtbüchern abgedruckt, sondern ist auch in den meisten Anthologien früher amerikanischer Literatur enthalten. Die gefährliche Lage eines unbekehrten Menschen, dem die Hölle droht, ist darin so lebendig geschildert, daß heutige Leser daran Anstoß nehmen und einige moderne Analytiker die Darstellungen als absolut sadistisch bezeichnen.

Edwards' Predigten sind angefüllt mit anschaulichen Beschreibungen des göttlichen Zorns und der schonungslosen Höllenstrafen für unbußfertige Sünder. Diese Art von Predigten ist unmodern geworden und wird heute allgemein als geschmacklos angesehen. Predigten, die den grimmigen Zorn eines heiligen Gottes hervorheben, dieser Zorn, der auf widerstrebende, starrsinnige Menschen gerichtet ist, passen nicht in die gutbürgerliche Atmosphäre heutiger Kirchengebäude und Gemeindehäuser. Predigten, die aufrütteln und die Menschen in innere Not bringen, sind selten geworden und zudem unpopulär. Wir leben in einer optimistischen Gesellschaft, in der der Akzent auf Selbstverbesserung und Weiterbildung liegt und eine großzügige Ansicht über Sünde vorherrscht.

Das Denken vieler Menschen läuft etwa folgendermaßen ab: Falls es überhaupt einen Gott gibt, ist er bestimmt nicht heilig. Wenn er zufällig heilig sein sollte, ist er nicht gerecht. Selbst wenn er beides sein sollte, heilig und gerecht, brauchen wir ihn dennoch nicht zu fürchten, denn seine Liebe und Barmherzigkeit sind größer als seine heilige Gerechtigkeit. Wenn wir uns erst einmal mit seiner Heiligkeit und Gerechtigkeit abgefunden haben, können wir ganz beruhigt leben: Gott kann uns nicht zürnen.

Betrachten wir diese Art Gedankengänge einmal nüchtern, müssen wir unseren Irrtum erkennen. Wenn Gott heilig ist, wenn er nur einen Funken von Gerechtigkeit besitzt, ja wenn Gott überhaupt als Gott existiert, wie kann er etwas anderes als zornig mit uns sein? Wir verletzen seine Heiligkeit. Wir beleidigen seine Gerechtigkeit. Wir machen seine Gnade verächtlich. Eine solche Haltung kann ihm kaum gefallen.

Edwards verstand das Wesen der Heiligkeit Gottes. Er begriff, daß der unheilige Mensch von einem solchen Gott eine Menge zu fürchten hat. Für ihn gab es keine Notwendigkeit, den Zorn Gottes zu rechtfertigen. Er sah nur das unbedingte Gebot, ihn zu predigen – lebendig, leidenschaftlich, überzeugend und kraftvoll. Er tat dies nicht aus sadistischer Freude an der Angst der Menschen, sondern aus Mitleid. Er liebte seine Zuhörer genug, um sie vor den furchtbaren Konsequenzen zu warnen, die eine Begegnung mit dem zornigen Gott mit sich bringt. Es ging ihm nicht darum, den Menschen Schuldkomplexe beizubringen, sondern sie aufzuwecken und ihnen das Verderben zu zeigen, das sie erwartet, wenn sie nicht umkehren.

Wir wollen uns für einige Sätze aus einer seiner Predigten etwas Zeit nehmen, um eine Vorstellung von seiner Art der Verkündigung zu gewinnen:

„Gott, der dich über den Höllenabgrund hält, ähnlich wie du selbst ein Insekt über ein Feuer hältst, verabscheut dich. Er ist äußerst gereizt. Sein Zorn gegen dich brennt wie Feuer. Er sieht in dir keinen anderen Wert, als dich ins Feuer zu werfen. Seine Augen sind reiner, als dein Anblick es erlaubt. Du bist in seinen Augen zehntausendmal abscheulicher, als es die giftigste Schlange in unseren Augen ist. Du hast ihn grenzenlos beleidigt, mehr als je ein widerspenstiger Rebell seinen irdischen König beleidigen kann. Und trotzdem ist es nur seine Hand, die dich festhält und dich nicht in das ewige Feuer fallen läßt. Diese haltende Hand ist der einzige Grund dafür, daß du nicht schon längst dort gelandet bist, ja, nicht in diesem Augenblick hineinfällst.

O Sünder, bedenke die schreckliche Gefahr, in der du dich befindest: Das große Feuer seines Zorns, eine bodenlose Kluft, über der die Hand Gottes dich festhält, die Hand des Gottes, dessen Zorn du in deiner Unbußfertigkeit gegen dich erregst. Du hängst wie an einem dünnen Faden, an dem die Flammen des Zornes Gottes emporschlagen und ihn jeden Augenblick versengen und abreißen lassen können. Außer einem Mittler kann dich niemand und nichts aus dieser Lage befreien; nichts kann dich den Flammen fernhalten. Du selbst kannst dich nicht retten. Nichts, was du je an guten Werken getan hast, nichts, was du noch tun könntest, kann Gott veranlassen, dir nur einen Augenblick der Qual zu erlassen . . ."

Die Art der Predigt ist schonungslos. Edwards führt Schlag auf Schlag gegen die schuldbeladenen Gewissen seiner Zuhörer. Er zeichnet anschauliche Bilder der biblischen Geschichten, die den Sünder vor seinem Verderben warnen sollen. Er sagt den Menschen, daß sie sich auf schlüpfriger und abschüssiger Bahn befinden und von ihrem eigenen Gewicht hinuntergezogen werden; daß sie auf einer morschen Holzbrücke über den Abgrund wandern und jeden Augenblick in die Tiefe stürzen können. Er redet von den Pfeilen des Zornes Gottes, die umherschwirren und jeden treffen, der nicht in dem einzigen Retter, Jesus Christus, geborgen ist. Er beschreibt den Zorn Gottes als große Meeresfluten, die gegen die Dämme der Küste brausen. Wenn die Dämme brechen, und sie werden brechen, geht der Sünder in der Flut unter. Er erinnert seine Hörer daran, daß zwischen ihnen und der Hölle nichts als Luft ist.

„Deine Sünde macht dich schwer wie Blei, und mit großer Geschwindigkeit rast du der Hölle entgegen. Wenn Gott dich fallen läßt, gibt es nichts, was deinen Fall aufhalten kann. Deine eigene Klugheit, dein Selbstbewußtsein, deine ganze Gerechtigkeit kann dich so wenig halten, wie ein Spinnennetz einen stürzenden Felsen aufhalten kann."

Edwards hatte klar erkannt, daß ein heiliger Gott auch ein zorniger Gott sein muß. Er zählt einige grundsätzliche Punkte zum Verständnis des Zornes Gottes auf, die wir uns ansehen sollten:

1. *Wessen Zorn es ist.* Der Zorn, den Edwards seinen Hörern zeigte, ist der Zorn des ewigen Gottes. Er stellt den Zorn Gottes in Gegensatz zu dem Zorn eines Menschen. Der menschliche Zorn endet. Er kommt mit dem Tod des zornigen Menschen zu Ende. Der Zorn des ewigen Gottes kann ewig dauern.

2. *Die Heftigkeit des göttlichen Zorns.* Wiederholt vergleicht die Bibel den Zorn Gottes mit einer Weinpresse. In der Hölle gibt es keine Mäßigung, keine Gnade. Gottes Zorn ist nicht nur ein leichter Verdruß, ein Mißfallen. Es ist ein rasender Zorn, der den Unbußfertigen verzehrt.

3. *Es ist ein immerwährender Zorn.* Der Zorn Gottes, der sich gegen die Höllenbewohner richtet, wird nie aufhören. Wenn wir nur ein wenig Mitleid mit unseren Zeitgenossen hätten, würden wir klagen und jammern bei dem Gedanken, daß nur ein einziger von ihnen in den Höllenschlund fallen könnte. Wir könnten die Schreie der Verdammten keine fünf Sekunden ertragen. Dem schrecklichen Zorn Gottes nur für einen Augenblick ausgesetzt zu sein, ist mehr, als wir aushalten könnten. Es in alle Ewigkeit anzusehen ist zu entsetzlich, um nur darüber nachzudenken. Von solchen Predigten möchten wir nicht gerne aufgeweckt werden, wir wollen lieber sanft schlafen.

Die menschliche Tragödie besteht darin, daß wir trotz klarer Warnungen in der Heiligen Schrift, trotz der nüchternen Lehre Jesu über dieses Thema meinen, wir säßen sicher in Zion und könnten mit Respekt die zukünftige Bestrafung der Bösen betrachten. Wenn wir wirklich an Gott glauben, müssen wir der furchtbaren Tatsache ins Gesicht sehen, daß eines Tages der schreckliche Zorn Gottes ausgegossen werden wird. Edwards beobachtete:

„Fast jeder natürliche Mensch, der von der Hölle hört, bildet sich ein, er werde ihr entrinnen. Er verläßt sich auf sich selbst für seine eigene Sicherheit. Er sonnt sich in dem, was er getan hat, was er tut und was er tun will. Jeder legt sich in seinen Gedanken zurecht, wie er der Verdammnis entgehen wird, und denkt sich wunderbare Entschuldigungen für sich selbst aus. Und jeder denkt, seine Gedanken würden nicht trügen."

Wie reagieren wir auf Edwards' Predigt? Weckt sie Furcht in uns? Oder werden wir ärgerlich und zornig? Fühlen wir, wie Millionen von Menschen, nichts als Verachtung für die Idee der Hölle und der ewigen Verdammnis? Betrachten wir den Zorn Gottes als primitives und anstößiges Konzept? Beleidigt uns der bloße Begriff einer Hölle? Wenn ja, dann ist klar, daß der Gott, den wir anbeten, kein heiliger Gott ist, ja er ist überhaupt nicht Gott. Wenn wir die Gerechtigkeit Gottes verachten, sind wir keine Christen. Wir stehen dann in einer Position, die genauso gefährlich und unsicher ist, wie Edwards sie so anschaulich geschildert hat. Wenn wir den Zorn Gottes hassen, dann darum, weil wir Gott hassen. Wir mögen dem heftig widersprechen, aber die Heftigkeit bestätigt nur unsere Feindschaft gegen Gott. Wir mögen mit allem Nachdruck betonen, es sei nicht Gott, den wir hassen, sondern die Verkündiger, denn unser Gott sei ein Gott der Liebe. Aber einen Gott der Liebe, der keinen Zorn kennt, ist kein Gott. Er ist ein Idol, das wir uns selbst gemacht haben, nichts anderes als die geschnitzten Götzen.

Eine andere bekannte Predigt von Jonathan Edwards, die man als Konsequenz der hier teilweise zitierten ansehen kann, trägt den Titel: *Der Mensch ist von Natur aus Gottes Feind.* Wenn es möglich ist, die Überschrift zu verbessern, so möchte ich vorschlagen: *Gott in den Händen zorniger Sünder.*

Wenn wir unbekehrte Leute sind, ist eines absolut sicher: Wir hassen Gott. Darüber macht die Bibel ganz klare Aussagen. Wir sind Gottes Feinde. Tief innerlich sind wir darauf eingeschworen, ihn für immer zu vernichten. Es ist so natürlich für uns, Gott zu hassen, wie es für den Regen natürlich ist, den Erdboden zu befeuchten. Bei dieser Behauptung gehen wir möglicherweise an die Decke. Wir streiten heftig ab, was ich gerade geschrieben habe. Wir sind voll und ganz bereit anzuerkennen, daß wir Sünder sind. Wer ist das nicht? Wir geben schnell zu, daß wir Gott nicht so lieben, wie wir sollten. Aber wer von uns wird schon gestehen, daß er Gott haßt?

Das fünfte Kapitel des Römerbriefs lehrt klar, daß wir noch Feinde Gottes waren, als wir durch den Tod seines Sohnes versöhnt wurden (Vers 10). Das zentrale Motiv des Neuen Testaments ist das Thema der Versöhnung. Versöhnung ist nicht nötig für solche, die einander lieben. Gottes Liebe für uns besteht ohne jeden Zweifel. Der Schatten des Zweifels hängt über uns. Es ist unsere Liebe zu Gott, die in Frage gestellt werden muß. Die natürliche Gesinnung des Menschen, das, was die Bibel als Fleischlich-gesinnt-Sein bezeichnet, besteht in Feindschaft gegen Gott.

Wir offenbaren unsere natürliche Feindschaft gegen Gott durch Gleichgültigkeit und Mißachtung ihm gegenüber. Wir achten ihn nicht unserer ganzen Hingabe wert. Es macht uns keine Freude, über ihn nachzusinnen. Selbst für Christen ist der Gottesdienst oft schwierig und das Gebet eine lästige Pflicht. Unserer natürlichen Neigung nach möchten wir uns soweit wie möglich von Gott entfernen. Sein Wort prallt von uns ab wie ein Tischtennisball von der Platte.

Von Natur aus stehen wir Gott nicht einfach nur gleichgültig gegenüber, sondern unsere Haltung ist durch Bosheit und Gehässigkeit gekennzeichnet. Wir widersetzen uns seiner Herrschaft. Wir wollen nicht, daß er über uns regiert. Unser natürliches Herz kennt keine Neigung zu ihm; es ist kalt, unempfindlich für seine Heiligkeit. Von Natur aus tragen wir die Liebe Gottes nicht in uns.

Es ist nicht damit getan, daß wir zugeben, der natürliche Mensch sehe in Gott seinen Feind. Wir müssen genauer formulieren. Wir betrachten ihn als Todfeind. Er stellt die höchste Gefahr für unser natürliches, sündiges Leben dar, und wir lehnen ihn absolut ab. Keine Überredungskunst, keine Argumentation von Philosophen oder Theologen kann uns veranlassen, Gott zu lieben. Wir wollen nicht einmal, daß er existiert. Wir würden alles tun, was in unserer Macht steht, um das Universum von seiner heiligen Gegenwart zu befreien.

Wenn das Leben Gottes in unsere Hände gegeben würde, wäre er nicht einen Augenblick sicher. Wir würden ihn nicht ignorieren, wir würden ihn vernichten. Die Behauptung mag übertrieben und unverantwortlich klingen, bis wir uns daran erinnern, was damals geschah, als Gott in Christus in Fleisch und Blut über diese Erde ging. Christus wurde getötet, er wurde ermordet durch die Hände böswilliger Menschen. Die Menge schrie nach seinem Blut. Es war nicht genug, ihn einfach zu töten. Seine Hinrichtung mußte mit Verachtung und Demütigungen verbunden sein. Wir wissen, daß seine göttliche Natur am Kreuz nicht verging. Sein Dasein als Mensch endete am Kreuz. Hätte der Höchste sein Gottsein der Vernichtung preisgegeben, hätte er sein göttliches Sein den Henkern zugänglich gemacht, dann wäre Christus noch im Tode, Gott würde nicht regieren. Hätte das

Schwert, das in die Seite Jesu gestoßen wurde, seine Existenz vernichten können, dann wäre die endgültige, die entscheidende Revolution erfolgreich gewesen, und der Mensch wäre König.

Aber wir sind Christen. Wir lieben Gott. Wir haben die Versöhnung erfahren. Wir sind aus Gottes Geist geboren, und die Liebe Gottes ist in unsere Herzen ausgegossen. Wir sind nicht mehr Feinde Gottes, sondern Freunde. Alles das ist uns geschenkt, wenn wir Christen sind. Aber wir müssen wachsam sein. Wir dürfen nicht vergessen, daß mit der Bekehrung unsere menschliche Natur nicht ausgelöscht wurde. Ein Überrest der gefallenen Natur steckt noch in uns, und wir haben jeden Tag mit ihr zu kämpfen. Da steht immer noch eine Ecke in unserem Inneren, die keine Freude an Gott hat. Wir sehen die Auswirkungen in unseren ständigen Sünden und der Teilnahmslosigkeit in Gottesdiensten. Selbst in unserer Theologie offenbart sich diese Tatsache.

In einer biblisch fundierten Theologie ist Gnade der zentrale Punkt. Wenn wir Gott ansehen, wenn wir etwas von seiner Heiligkeit erkennen, fangen wir an, das Wesen der Sünde und unsere totale Hilflosigkeit zu begreifen. Hilflose Sünder können nur durch Gnade überleben. Unsere Kraft ist völlig nutzlos. Ohne den barmherzigen Gott sind wir geistlich absolut unfähig. Wir mögen uns den Zorn und die Gerechtigkeit Gottes nicht gerne vor Augen führen, aber nur wenn wir uns diesem Aspekt Gottes beugen, können wir verstehen und dankbar annehmen, was uns die Gnade erworben hat. Selbst die Predigt von Edwards über Sünder in der Hand Gottes hatte nicht zum Ziel, die Höllenqualen hervorzuheben. Die Betonung darin liegt nicht auf dem feurigen Abgrund, sondern auf der Hand Gottes, die den Sünder vom Verderben rettet. Die Hände Gottes sind barmherzige Hände, und nur sie allein sind stark genug, um vor dem sicheren Abgrund zu bewahren.

In den christlichen Kirchen gibt es heute viele, die erklären, man könne auch ohne Änderung seiner sündigen Natur zu Gott kommen. Es gibt Menschen, die, ohne wiedergeboren zu sein, ein Königreich zu sehen meinen, von dem Christus sagte, niemand werde es sehen oder hineinkommen, der nicht wiedergeboren ist aus Wasser und Geist. Das Versagen modernen Evangelisierens liegt in dem mangelnden Verständnis der Heiligkeit Gottes begründet. Wenn das einmal verstanden würde, gäbe es die Rede nicht mehr, daß sterbliche Menschen, die noch Feinde Christi sind, aus ihrer eigenen Kraft und ihrem eigenen Wollen zu Christus kommen können. Wie können wir einen heiligen Gott lieben? Wir können es nicht. Einen heiligen Gott zu lieben, das geht über unsere moralische Kraft hinaus. Den einzigen Gott, den wir in unserer sündigen Natur lieben können, ist ein unheiliger Gott, ein Götze, mit unseren eigenen Händen gemacht.

Wenn wir nicht wiedergeboren sind aus dem Geist Gottes, wenn Gott nicht seine heilige Liebe in unsere Herzen ausgegossen hat, wenn er in seiner Gnade uns nicht ein neues Herz schenkt, sind wir nicht fähig, ihn zu lieben. Er ist derjenige, der die Initiative zu unserer Veränderung ergreift. Ohne ihn haben wir keine Gerechtigkeit aufzuweisen. Ohne ihn sind wir verdammt, in alle Ewigkeit fern seiner Heiligkeit zu existieren. Wir können ihn nur lieben, weil er uns zuerst geliebt hat. Um einen heiligen Gott zu lieben, bedarf es der Gnade - Gnade, die stark genug ist, unsere harten Herzen zu durchbohren und unsere sterbenden Seelen aufzuwecken.

Wenn wir in Christus sind, haben wir das neue Leben schon empfangen. Wir sind aus dem geistlichen Tod heraus zum geistlichen Leben gekommen. Aber wir haben sozusagen noch den Schlaf in den Augen und bewegen uns manchmal wie Schlafwandler. Eine gewisse Furcht, uns Gott zu nahen, haftet uns noch an. Wir zittern noch am Fuße seines heiligen Berges.

Aber wenn wir in seiner Erkenntnis wachsen, gewinnen wir eine tiefere Liebe für seine Reinheit und erkennen eine größere Abhängigkeit von seiner Gnade. Wir erkennen, daß er unserer Anbetung wert ist. Aus unserer zunehmenden Liebe zu ihm wächst eine stärker werdende Verehrung seines Namens. Jetzt lieben wir ihn, weil wir seine Liebe sehen. Jetzt beten wir ihn an, weil wir seine Majestät erkennen. Jetzt leisten wir ihm Gehorsam, weil sein heiliger Geist in uns wohnt. Er ist heilig, heilig, heilig . . .

## CHRISTSEIN IN DEN BRENNPUNKTEN UNSERER ZEIT

Dieses Werk ist ein Handbuch für die kommenden Jahre. John Stott hat ein Buch geschrieben, das helfen will, das christliche Denken in bezug auf die Hauptprobleme unserer Zeit zu definieren. »Eins der bemerkenswertesten Kennzeichen der weltweiten evangelikalen Bewegung in den letzten 10-15 Jahren ist das Wiederaufleben unseres vorübergehend in Vergessenheit geratenen sozialen Verantwortungsbewußtseins. Wir sind auf diesem Gebiet inzwischen weit ins Hintertreffen geraten. Es gibt viel nachzuholen.

Wir veröffentlichen John Stotts Standardwerk in vier Bänden:

Band 1: **. . . in einer nicht-christlichen Gesellschaft**
Edition C, Nr. D 10, 116 Seiten

Band 2: **. . . im globalen Bereich**
Edition C, Nr. D 11, 112 Seiten

Band 3: **. . . im sozialen Bereich**
Edition C, Nr. D 12, ca. 120 Seiten

Band 4: **. . . im sexuellen Bereich**
Edition C, Nr. D 13, ca. 120 Seiten

VERLAG DER
FRANCKE-BUCHHANDLUNG GMBH
MARBURG AN DER LAHN

*Ein empfehlenswertes Buch!*

Jerry Bridges

**Lebensstil: Heiligung**

TELOS-Taschenbuch Nr. 327, 144 Seiten

Gottes Gebot an uns lautet: »Seid heilig, denn ich bin heilig!« Aber als Opfer des Guerilla-Krieges, den die Sünde in uns führt, sind wir Christen oft geneigt, den Kampf aufzugeben oder Kompromisse mit der Sünde einzugehen.

Jerry Bridges, langjähriger Mitarbeiter der Navigatoren im Außendienst und in der Verwaltung, behandelt in diesem Buch Themen wie:

*Was hat Gott getan, um uns ein heiliges Leben zu ermöglichen?*

*Was bedeutet die Aussage der Bibel: »der Sünde gestorben sein?«*

*Praktische Anleitung zur Unterscheidung zwischen Gut und Böse*

*Der Kampf gegen unser »fleischliches Verlagen« und gegen negative Haltungen*

*Wie beeinflussen Verstand und Gefühle unseren Willen?*

*Welche Rolle spielen Gewohnheiten und persönliche Disziplin für die Heiligung?*

Haben Sie den Weg der Heiligung schon eingeschlagen und wollen ihn fortsetzen, oder haben Sie noch nie ernsthaft darüber nachgedacht? – Die in diesem Buch behandelten Prinzipien werden Sie eindringlich herausfordern, Gottes Ruf zu folgen.

VERLAG DER
FRANCKE-BUCHHANDLUNG GMBH
MARBURG AN DER LAHN